خاطرات و برداشت ها

نگارش

دکتر بهرام عرفان

Ibex Publishers,
Bethesda, Maryland

خاطرات و برداشت‌ها
نگارش دکتر بهرام عرفان

Memories and Impressions
[Khaterat va Bardashtha]
by Bahram Erfan

Copyright © 2019 Bahram Erfan

ISBN: 978-1-58814-185-9

Library of Congress Control Number: 2018962091

The material in this work may be freely copied without permission from the publisher or author.

Manufactured in the United States of America

The paper used in this book meets the minimum requirements of the American National Standard for Information Services—Permanence of Paper for Printed Library Materials, ANSI Z39.48–1984

Ibex Publishers strives to create books which are complete and free of error. Please help us with future editions by reporting any errors or suggestions for improvement to the address below or: corrections@ibexpub.com

Ibex Publishers, Inc.
Post Office Box 30087
Bethesda, Maryland 20824
Telephone: 301–718–8188
www.ibexpublishers.com

تقدیم به روان پاک پدر و مادرم

احمد و ملک عرفان

که عمر گرانمایه در راه اعتلای فرهنگ و ادب ایران زمین صرف نمودند

و هرگز از غم محرومان نیاسودند.

به نام خداوند جان و خرد

کزین برتر اندیشه برنگذرد

مندرجات

پیشگفتار ۹
فصل اول: زندگی در ایران ۱۱
اشاره به تاریخ ۵۶
فصل دوم: زندگی در آمریکا ۷۷
آفرینش ۱۱۴
علم و دین ۱۲۲
تفحّص در عقاید بنیانگزاران فلسفه عصر روشنگری ۱۲۴
روشنگری در خاورمیانه ۱۲۸
خبرهای ایران ۱۳۲
خاتمه ۱۴۴
ایرانیان آمریکا ۱۴۷

ـ ۷ ـ

پیشگفتار

آنچه در این دفتر در دو بخش آمده هر یک دارای ویژگی خاص است. بخش اول حاوی مطالبی است از ایام کودکی، نوجوانی و جوانی نگارنده در ایران و زندگی خانوادگی، تحصیلی، حوادث، رویدادها و وقایع سیاسی و اجتماعی آن دوران به ویژه در شهر اصفهان.

بخش دوم درباره زندگی در آمریکا و ورود به دنیای جدید و مقایسه زندگی در دو اجتماع سنتی و تاریخی ایران کهن و آمریکا، دنیای نوین، برداشت‌ها، نظرات و اندیشه‌های نویسنده این سطور پس از گذشت سال‌ها زندگی در این دو سرزمین است. امید آن دارم که تجربیاتم توشه راه آتی جوانان برومند ایران زمین، بالاخص شهر زادگاهم قرار گیرد.

فصل اول: زندگی در ایران

نهم شهریور ۱۳۱۰ شمسی به اسم بهرام خان عرفان تولدم به ثبت رسید. در سال‌های بعد بر اساس قانون جدید کلمه خان از نامم حذف شد. از آن زمان تا کنون خود را به نام بهرام عرفان می‌شناسم.

دوران جوانی را که سال‌های شکل گرفتن شخصیت و برداشت‌های اجتماعی است در ایران گذراندم. در سن ۲۴ سالگی، پس از اخذ دکترای پزشکی از دانشگاه تهران، کشور کهنسال مادری را ترک کرده به دنیای جدید آمدم. زندگی در دو فرهنگ مختلف برای اقلیّتی از مردم دنیا اتفاق می‌افتد. برای چنین مردمی اختلافات فرهنگی دو اجتماعی که در آن زیسته‌اند و مقایسه برتری‌ها و نقصان‌ها و یافته‌ها باید به فرصتی بدل شود تا در رشد و تعالی دیگران مؤثر افتد. هدف این نوشته این است که در صورت امکان، با تحریر خاطرات خود در سیر زمان، خواننده را در این گذر با خود همراه کنم.

برداشت او از این رهگذر، به خود او بستگی دارد چنان که تجربیات در زندگی هر کس از خانواده شروع و سپس از روابط با انسان‌های پیرامون، اثر می‌پذیرد. در دوران زندگی در اصفهان به فعالیت‌های اجتماعی پدر و مادرم اشاره می‌کنم.

از دوران کودکی خاطرات زیادی برای انسان باقی نمی‌ماند. در اعماق تخیّل من داستان گنجشکی که در آب افتاد آشکار می‌شود. مادرم در هنگام پوشاندن لباسم می‌خواند:

«لی‌لی، لی‌لی حوضک، درخت جوزک
گنجشکه رفت آب بخوره افتاد تو حوضک»

ادای چنین سخنان موزون، توجه کودک را جلب می‌کند تا بی‌حرکت بایستد. مادران در آشنایی کودکان به آموزش زبان و درک کلمه سهم بی‌کران دارند. کودکانی که در خانواده قبل از ورود به تحصیلات رسمی آموزش ببینند، در دوران تحصیلی موفق‌ترند.

دوران کودکی در زندگی فامیلی با مهر و محبت می‌گذشت و چون اولین کودک فامیل مادری و پدری بودم توجه و احساس وابستگی به من، تقویت روانی می‌داد.

در این دوران است که انسان به ارزش خود پی می‌برد و بنای خودشناسی و اعتماد به نفس گذاشته می‌شود.

در سن پنج سالگی نامم را در کودکستان بهشت آیین ثبت کردند. این کودکستان مختلط (پسر و دختر) تنها کلاس مختلط اصفهان و جزئی از دبیرستان بهشت آیین بود. در این کلاس دختران و پسران در بازی‌های دسته جمعی شرکت می‌کردند که از تعلیمات کودکان

انگلیسی ریشه می‌گرفت، از جمله برگزاری یک تئاتر کودکانه که شرکت در آن را خوب به خاطر دارم. در این نمایشنامه من نقش شاه را بازی می‌کردم و تنها گفتار من این بود که هنگامی که وزیر وارد صحنه می‌شود بگویم «بگو وارد شود.»

اینگونه فعالیت‌های آموزشی در آن زمان با روش‌های غربی و اروپایی تنها در این سازمان اجرا می‌شد.

تشکیلات وسیع دبیرستان بهشت آیین توسط دو زن انگلیسی به نام‌های Nevarth Aidin و Miss Armenouhie Aidin (Isaac) اداره می‌شد. اینگونه مدارس در سال ۱۸۷۷ میلادی در ایران از طرف مرسلین مسیحی انگلیسی در نقاط مختلف ایران تأسیس شد و مدارس دخترانه هم که در آن زمان در ایران کمیاب بود به وجود آمد. در سال ۱۳۲۲ شمسی وزارت فرهنگ مدیریت تمام مدارس توسط اتباع خارجی را ممنوع کرد ولی مدیریت چند مؤسسه از جمله دبیرستان بهشت آیین لغو نشد. دبیرستان بهشت آیین در پیشرفت اجتماعی بانوان پیشقدم بود و بانوانی که دوران تحصیلی خود را در آنجا گذراندند با اعتماد به نفس بیشتری آمادگی شرکت در امور اجتماعی در محیط مردسالار را داشتند. یکی از شخصیت‌های ادبی آن زمان، شاعر خوش قریحه، ژاله اصفهانی از دانش آموختگان بهشت آیین بود. از آنجا که ژاله اصفهانی همکلاس و دوست صمیمی خاله من بود بارها در سنین

کودکی او را در گردهمایی خانوادگی می‌دیدم. اعتماد به نفس و بی‌پروایی آن بانوان جوان، برای شرکت در اجتماع و ابراز آزادی زنان بسیار آشکار بود.

برای مثال، در آن زمان هر دو با آزادی دوچرخه سواری می‌کردند و برای لذت بردن از طبیعت به کنار زاینده‌رود پناه می‌بردند.

پیشرفت هر جامعه به وجود مادرانی که با آزادگی فکری توانایی آموزش کودکان را دارند بستگی دارد، از این‌رو است که پیغمبر اسلام می‌گوید: «بهشت زیر پای مادران است.»

در سن شش سالگی به دبستان پسرانه پهلوی رفتم که مدیر آن آقای ربّانی از اهالی خوراسگان بود. ربّانی مردی متوسط‌القامه گندمی روی بود که ریش کوتاهی دور چهره‌اش را می‌پوشاند. اعتقادش به تربیت قدیمی و لزوم مجازات از رخسارش آشکار بود. با اینکه همه معلمین، شاید از نظر آشنایی با پدرم با من به خوبی رفتار می‌کردند، ولی تفاوت شیوه آموزشی در این محیط جدید با کودکستان بهشت آیین محسوس بود.

یادآوری خاطرۀ چوب و فلک کردن یکی از شاگردان و ناله و فریاد او در آغاز یک روز با حضور تمام محصلین برایم وحشت انگیز است.

این روش آموزشی فرمانروایی و تحقیر شاگردان از طرف استادان در تمام دوران تحصیلی به درجات گوناگون آشکار بود. بعضی از استادان دانشگاه هم از تحقیر دانشجویان ابایی نداشتند.

روابط دوستانه و غیر برتری جویانه استاد بر شاگرد، در آمریکا برایم شگفت انگیز بود. امّا این رابطه و آزادی شاگرد می‌تواند موجب برخوردهای ناهموار شاگردان جوان با استادان گردد. احترام اساتید از طرف شاگردان در ایران آن روز همیشه شایسته و پسندیده بود. پوشیدن لباس متّحدالشکل خاکستری رنگ برای تمام شاگردان اجباری بود. این لباس‌ها از پارچه پشمی ضخیم محصول کارخانه وطن اصفهان دوخته می‌شد و چندان مطبوع نبود.

با کمبود قند در جنگ جهانی دوم کیسه‌های آب‌نبات از طرف دولت برای مصرف خانواده‌ها به شاگردان داده می‌شد.

یکی از خاطره‌های گفتنی که از وقایع اجتماعی آن دوران به یاد دارم مشاهده پلیس شهری (آژان) است که چادر زنی را در خیابان چهارباغ با زور از سرش برداشت و از شیون و اضطراب آن زن پروایی نداشت. کشف حجاب که در ۱۷ دی ۱۳۱۴ در ایران قانونی شد بدون تردید قدم بزرگی برای آزادی زنان بود. اکنون هم در کشورهای اروپایی این امر یکی از مسائل اجتماعی است. ولی در یک محیط واقعی دموکراسی، قانون نه حجاب می‌گذارد و نه بر می‌دارد. ترک

عادت هر آنچه نامطلوب، برای انسان کاری است بس مشکل. بانوانی که از لذت آزادی در انتخاب روش پوشش خود و استقلال فکری و سلیقه شخصی بی‌خبرند، تغییر شکل و ظاهر کار آسانی نیست.

در اجتماعات بدوی دیرین، زنان برای مردان متعلقاتی مانند اشیاء بودند. برای پیشگیری از توجه دیگران به زیبایی آنان پوشش سرتاسری بدن را از شرایط عفّت و درستکاری آنان می‌دانستند و در همان زمان در ایران باستان زنان ملکه به کشور حکومت می‌کردند.

بهار پرده مویین نشان عفّت نیست
هزار نکته باریکتر ز مو اینجاست

پس از پایان شش سال دوران مدرسه ابتدایی به دبیرستان ادب اصفهان رفتم. این دبیرستان بازمانده سازمان فرهنگی وسیعی بود که توسط مرسلین مسیحی انگلیسی در ایران ایجاد شده بود.

این فعالیت در سال ۱۸۷۷ میلادی در شیراز و اصفهان با تشکیل مدارس پسرانه و دخترانه آغاز شد و در سال ۱۹۱۲ میلادی Stewart Memorial College شبانه‌روزی برای دانشجویان در اصفهان ساخته و شروع بکار کرد.

مدیر انگلیسی این کالج کشیشی بنام (Bishop Thompson) بیشاپ تامپسون بود و پدربزرگ مادری من میرزا داود خان آرین در سمت

مدیر داخلی ایرانی آن منصوب شده بود زیرا در زبان انگلیسی مهارت و سابقه تدریس هم داشت. شاگردانی که از شهرهای دیگر آمده بودند در شبانه‌روزی این کالج اقامت داشتند. در ابتدای تأسیس، این کالج با مخالفت و کارشکنی شدید روحانیون مواجه بود ولی با مرور زمان این کدورت ترمیم یافت و از بازماندگان آن زمان شنیدم که بعدها بسیاری از همانها به کالج می‌آمدند و با اسقف تامپسون ملاقات می‌کردند.

شخصیت‌های بارزی تحصیلات خود را در آن زمان در این کالج به پایان رساندند، ازجمله مرحوم حسن شهباز روزنامه نگار و شخصیت ادبی، مؤسس جریده «ره‌آورد.» او در کتاب «غرور و مصیبت» به خاطرات خود در دوران تحصیلی در این کالج اشاره می‌کند و یادآور می‌شود که با اینکه مدیریت این کالج را اسقف تامپسون کشیش انگلیسی به عهده داشت ولی تبلیغات دینی محسوس نبود و در سالن بزرگ آن شعار زرتشت: «اندیشه نیک، گفتار نیک، کردار نیک» با خط درشت آشکار بود. در سال ۱۳۳۸ (۱۹۵۹ میلادی) که خود از آن دبیرستان فارغ‌التحصیل شدم هنوز این لوح خودنمایی می‌کرد و از آداب و افکار ایران باستان سخن می‌گفت.

در سال ۱۹۳۹ میلادی بر اساس قوانین جدید وزارت فرهنگ SMC بنام دبیرستان ادب با مدیریت ایرانی تبدیل شد. دبیرستان ادب سالیان دراز بهترین دبیرستان شهر اصفهان بود. از امکانات آن، یک میدان

فوتبال، یک میدان بسکتبال، استخر و زمین والیبال و بازمانده لابراتوار شیمی بود که من یکبار در آن شاهد یک آزمایش شیمیایی بودم. دوران تحصیلی من در دبیرستان ادب همزمان با مدیریت آقایان بدرالدین کتابی نویسنده کتاب «فروغ خاور» و آقای عریضی بود. شادروان احمد عرفان (پدر نگارنده) استاد ادبیات کلاس دوازدهم بود. دبیران با افکار و رفتار خود در رشد فکری و روانی شاگردان تأثیر فراوان داشتند. بر سبیل سپاسگزاری باید از استادی که تشویق او از نوشته من در کلاس انشاء فارسی اثری پایدار در ذهن من باقی گذارده است نام ببرم. استاد محمدمهریار در تدریس، روشی غیر معمول داشت، با شیوه‌ای دوستانه و آرام شاگردان را به سوی درک مواد آموزشی سوق می‌داد. در یک کلاس انشاء با موضوع (سعدی و حافظ) من نوشته‌ام را درباره ارزش بیکران این اساتید سخن در زبان فارسی و بیان روح متعالی و پاک ایرانی ارائه دادم. در آن دوران تبلیغات کمونیستی و تحقیر شعر و ادبیات فارسی در روان جوانان نفوذ کرده بود. یکی از این جوانان تحت تأثیر این افکار شعر و ادبیات فارسی را موجب عقب افتادگی اجتماعی می‌دانست. اولین نمره بیست انشاء را از استاد مهریار گرفتم. با کسب این افتخار هنوز در درونم عشق و علاقه به ادبیات و شعر فارسی غلیان دارد و با اینکه در شصت سال گذشته زندگی من منحصر به پیشه

پزشکی بوده هنوز هم خواندن غزلی از سعدی از هر لذتی برایم خوشایندتر است.

سعدی به روزگاری مهری نشسته بر دل
بیرون نمی‌شود کرد الّا به روزگاران

سالهای نوجوانی من دورانی بود مصادف با اتفاقات بزرگ سیاسی و اجتماعی در ایران و اصفهان. در آن سالها جمعیت اصفهان و حومه ۲۰۵۰۰۰ نفر بود و اقلیت‌های ارامنه در جلفا و کلیمیان در جویباره زندگی می‌کردند. خیابان اصلی اصفهان، چهارباغ، معبری وسیع با پیاده‌روی اصلی در میان و در دو طرف آن دو راه رفت و برگشت وسایل نقلیه، اتومبیل، درشکه و دوچرخه و در کنار هر راه اتومبیل‌رو یک پیاده‌رو دیگر. حدّ فاصل پیاده‌روها و راه‌های رفت و برگشت جوی آب که در اطراف آن درختکاری شده بود از یادگارهای دوره شاه عبّاس صفوی است. خیابان چهارباغ عبّاسی از دروازه دولت شروع می‌شد و به میدان مجسمه خاتمه می‌یافت. می‌توان گفت که در آن زمان به غیر از بازار بزرگ اصفهان که از مراکز بزرگ تجاری بود، فروشگاه‌های دو طرف این خیابان نیز از مراکز پر رونق داد وستد بود. پل سی‌وسه پل یکی از اصلی‌ترین واسطه‌های شمال و جنوب زاینده‌رود و راه اصلی دسترسی به کارخانه‌های نساجی و شهرک جلفا بود و از آن هم وسایل نقلیه و هم، افراد پیاده استفاده می‌کردند.

از دو سوی زاینده‌رود که از غرب به طرف شرق اصفهان جریان داشت مردم برای پیاده‌روی و پیک‌نیک فامیلی استفاده می‌کردند. زیبایی‌های طبیعی، جریان دائمی آب و آسمان آبی و شفاف موجب لذت و شور و شعف مردم بود.

در کنار ساحل زاینده‌رود در فصل بهار و پاییز غالباً با پدرم از سی‌وسه پل تا پل مارنان راهپیمایی می‌کردیم. در بهاران که درختان با لباس سبز نو از بیدار شدن طبیعت از خواب زمستانی خبر می‌دادند زاینده‌رود جان دوباره می‌گرفت و غرش و خروش آن از قدرت بازیافته‌ای سخن می‌گفت. در پاییز، طبیعت به‌گونه دیگری خود نمایی می‌کرد، برگ‌ها با رنگ‌های سرخ و زرد گذشت تابستان گرم و آرامش پاییز را مژده می‌دادند، جوش و خروش زاینده‌رود به سیر ملایم و نغمه آرام بدل می‌شد. پدرم می‌گفت: پاییز، بهار عرفا است. فروکش گرمای خورشید و سکوت طبیعت، انسان را برای درک احساسات و تعمّق در افکار نهفته درونی آماده می‌کرد.

در سنوات اخیر گویا در سواحل زاینده‌رود امکانات جدیدی برای تفریح و تفرّج به‌وجود آمده است تا مردم از آنها لذت ببرند امّا لذتی که از آن طبیعت بکر می‌بردم به حدّ نهایت بود.

در آن مسیر با پدر در اطراف وقایع روز، افکار نویسندگان و شعر و هرچه پیش می‌آمد گفتگو می‌کردم. فراگرفته‌های آن مبادله افکار، در تمام دوران زندگی، ارزشمندترین آموخته‌هایم بوده است.

افسوس که در زندگی ماشینی امروز این تجربه آموزشی برای جوانان رخ نمی‌دهد و برخورد با طبیعت بکر و دست نخورده کمتر امکان پذیر است آنجاست که انسان به زیبایی، عظمت و بی‌کرانی هستی و حقارت و بی‌اهمیتی خود، در برابر آن پی می‌برد.

پشه کی داند که این باغ از کی است
در بهاران زاد و مرگش در دی است

اصفهان در سال ۱۳۲۰ (۱۹۴۱ میلادی) یکی از بزرگترین شهرهای صنعتی ایران بود. کارخانجات ریسندگی و بافندگی در چهارباغ بالا محصولات مواد اولیه نخی و پارچه‌ای تولید می‌کردند و ۱۱۰۰۰ کارگر و کارمند در آنجا به کار اشتغال داشتند.

برای تعویض شیفت، صدای بوق در مرکز شهر شنیده می‌شد و سیل صدها کارگر دوچرخه سوار در مسیر چهارباغ دیدنی بود.

وسایل حمل و نقل در آن دوران بیشتر درشکه‌های یک اسبه و تعداد کمی اتومبیل‌های شخصی بود. استفاده از اتومبیل شخصی و

تاکسی از سال ۱۳۱۰ به تدریج رونق گرفت. مسافرت به خارج از شهر با اتوبوس امکان‌پذیر بود و مسافرت هوایی شروع نشده بود.

دو سینما در خیابان چهار باغ وجود داشت و برنامه‌های آنها منحصر به فیلم‌های خارجی بود. اولین فیلم‌های فارسی محصول هند با شرکت عبدالحسین سپنتا ارائه گردید.

اصفهان در آن دوران از مراکز مهم هنر تئاتر و پرورش هنرمندان در ایران بشمار می‌رفت. مرحوم ارحام صدر که به‌تدریج یکی از درخشان‌ترین ستاره‌های تئاتر ایران شد، حرفه‌اش را در یکی از دو تماشاخانه اصفهان آغاز کرد و خودش مؤسس و بازیگر تماشاخانه سپاهان بود. این هنرمند در نقش یک کاسب اصفهانی، سلطان نقش فکاهی شناخته شد.

ارحام صدر در اواخر زندگی هنری در چندین فیلم سینمایی هم شرکت کرد. او هنرمند خیری بود و در اصفهان به ایجاد بیمارستانی هم توفیق یافت.

نصرت‌اله وحدت یکی دیگر از ستارگان فیلم‌های کمدی فارسی و هنرمند دیگر اصفهانی است که بازیگری خود را از تئاتر سپاهان آغاز کرد. تئاتر دیگر تئاتر اصفهان بود که با اجرای نمایش برگرفته از بینوایان اثر ویکتور هوگوی فرانسوی با هنرمندی مرحوم فرهمند مدیر

تئاتر در نقش ژان والژان و نمایش «ملّی شدن صنعت نفت» به شهرت فوق‌العاده‌ای دست یافت.

در زمینه موسیقی، اصفهان خوانندگان و نوازندگان بی‌نظیری در دامان خود پرورش داده است. جلال‌الدّین تاج اصفهانی در اوایل سنه ۱۳۳۰ بهترین خواننده مرد ایران بشمار می‌رفت. ابیاتی در تصنیف معروف او که هنوز هم گاه به گاه توسط خوانندگان جوان اجرا می‌شود بدین قرار است:

به اصفهان رو تا که بنگری بهشت ثانی
به زنده رودش سلامی ز چشم ما رسانی
ببر از وفا کنار جلفا به گل چهرگان سلام ما را
شهر پر شکوه قصر چهلستون کن گذر به چارباغش

اشاره به گل چهرگان جلفا از اینروست که دختران ارمنی با چهره‌های باز و پوشاکی زیبا توجه مردان را جلب می‌کردند.

جلیل شهناز استاد بی نظیر تار، حسن کسایی نوازنده نی و عبدالوهّاب شهیدی خواننده آواز بدون تردید از اساتید بی همتای موسیقی سنتی ایران بودند. بی‌تردید این بیت بازگوکننده قدر و منزلت آن مردان بی‌بدیل است.

صبر بسیار بباید پدر پیر فلک را
تا دگر مادر گیتی چو تو فرزند بزاید

دیگر از اساتید موسیقی اصفهان ادیب خوانساری در آواز، مرتضی نی‌داود در تار، حسین یاوری هنرمند نابینا در نی و شاگردان تاج علی‌اصغر شاهزیدی، سید رضا طباطبایی و علیرضا افتخاری بودند.

خوانندگان زن، ناهید دایی جواد خواننده غروب کوهستان و لیلا فروهر از هنرمندان ارزنده و مشهور به‌شمار می‌آیند.

هر روز پس از طی چند قدم از کوچه فتحیه به خیابان چهارباغ وارد می‌شدم و از کنار کارگاه نقاشی مردی می‌گذشتم که پس از مرگ شهرت جهانی یافت.

در آخرین مسافرتم به اصفهان حدود پنجاه سال پیش دو عدد تابلو نقاشی از مناظر اصفهان از او خریداری کردم. اگر چه استادی او در نقاشی آبرنگ از مشاهده آثار هنری او مشهود بود ولی از شهرت فراوان او در آینده بی خبر بودم. سمبات گریگوریان از اساتید مسلم نقاشی آبرنگ در جهان بشمار می‌رود و مانند هنرمندان گذشته ارزش امروزی آثار او در زمان حیات برایش باورکردنی نبود. یرواند یکی دیگر از نقاشان آبرنگ معروف اصفهان بود. استاد پور صفا و استاد رستم

شیرازی از اساتید نقاشی رنگ روغن و مینیاتور هنرستان هنرهای زیبای اصفهان، خالق آثاری بی همتا در عالم نقاشی می‌باشند.

کارخانه‌های نساجی از مراکز زندگی مردم دور بودند و در جنوب شهر قرار داشتند. پل سی‌وسه پل مرکز شهر را به آن نواحی متصل می‌کرد، کارخانه‌های زاینده رود، شهناز، صنایع پشم و وطن از آن جمله‌اند. در این کارخانه‌ها که همه در دوران رضاشاه پهلوی احداث شده بود پارچه‌های نخی، پشمی و پتو و دیگر منسوجات تولید می‌شد. شاگردان مدارس موظف به پوشیدن لباس‌های متّحدالشکل با محصولات تولیدی کارخانه‌های ملّی بودند.

من خود از پوشیدن پارچه‌های خاکستری رنگ و ضخیم بی بهره نبودم اگرچه بر تن کردن جامه‌های ظریف خارجی دلپذیرتر بود. اصفهان یکی از مراکز اصلی ایجاد صنایع جدید بود. من با یکی از پایه گذاران آن صنایع آقای فضل‌اله رهنما، مؤسس شرکت پلار آشنایی کامل داشتم.

فامیل رهنما از دوستان خانوادگی و آقای رهنما یکی از دوستان صمیمی مهندس مسیح آرین دایی من بود. با درک ضرورت این صنعت و پشتکار فراوان شرکت پلار را بوجود آورد. امروز فرزندان او به گسترش این صنعت (صنایع گرمازا) دست یافته‌اند.

کارخانه سیمان سپاهان نیز یکی از کارخانه‌های بزرگ تولید سیمان در ایران به همت برادران همدانیان تأسیس شده بود.

قبل از ایجاد شرکت توربین، برق شهر اصفهان از مازاد تولید ژنراتورهای کارخانه نساجی دهش تأمین می‌شد بدین جهت برق شهر به‌طور دائم تأمین نمی‌شد و تاریکی گاه به گاه اتفاق می‌افتاد.

یکی از بزرگترین میدان‌های شهری جهان از نظر وسعت و قدمت با معماری کم نظیر میدان نقش‌جهان است که در آن زمان یکی از مراکز اجتماعی و تاریخی و پر رونق‌ترین مرکز تجاری شهر اصفهان به‌شمار می‌رفت.

سر در ورودی اصلی بازار مسقّف اصفهان در شمال میدان قرار داشت. ساختمان بازار از قرن یازدهم میلادی شروع و به تدریج و با سرعت بیشتری در قرن هفدهم میلادی، دوره صفوی تکمیل و سراها، تیمچه‌ها، غرفه‌ها و مراکز خرید و فروش بوجود آمد.

گذر در بازار اصفهان امر شعف انگیز و دلپذیری است. شنیدن صدای کوبیدن و ساختن آلات مسی در بازار مسگران و استشمام بوی سحرانگیز ادویه در بازار عطارها تجربه‌ای است یگانه. گرچه سازنده آهنگ «در یک بازار فارسی» (ایران) Albert Ketèlbey از بازار اصفهان

گذر نکرده بود آهنگ‌های دلپذیر او از احساس عابرین این بازار حکایت می‌کند.

در یکی از تیمچه‌های بازار، عموی بزرگتر من دکان خیاطی داشت، بارها برای دیدار او یا خرید به آنجا می‌رفتم. عمو محمد نمونه‌ای بود از تلفیق دین و انسانیّت، مردی بود بی سواد و سخت متدیّن، بعد از اقامه نماز برای همه دعا می‌کرد و آیاتی از قرآن را با صدای بلند تلاوت می‌کرد. او مردی بی کینه و در راستی و درستی و محبت و آرامش روانی بی‌نظیر بود. این آمیزه زیبای انسان و دین را در دیگر ادیان هم دیده‌ام ولی به‌مصداق «کلّ حزب بما لدیهم فرّحون»، بیشتر اعتقادات دینی مردم موجب دشمنی و تحقیر دیگران و برتری جویی می‌گردد. شاید این پدیده انحراف مردم ساده لوح از طریق دین برای کسب جاه و مقام و ثروت برای معدودی جاه طلب و فتنه انگیز است.

این حقیقت تلخ در همه جوامع انسانی و ادیان پدیدار است. آیا زمانی می‌رسد که انسان‌ها عقاید و افکار دیگران را محترم شمرده و نسبت به همدیگر احساس برتری نکنند؟

خالق جهان هستی موجودات عالم را آزاد آفریده و حق طبیعی کلیه موجودات است که از مواهب دنیوی و مزایای زندگی به نحو شایسته برخوردار باشند. استفاده از مزیت‌های حیات نباید به افکار سیاسی، فلسفی و دینی افراد بستگی داشته باشد.

میدان نقش جهان، بازار، مسجد شاه، مسجد شیخ لطف‌اله و عالی قاپو آثار بسیار پر ارزشی برای همه جهانگردان و مسافرین بود. بارها من برای دیدن این آثار آنها را رهبری می‌کردم. قصر عالی قاپو به‌ویژه مورد توجه آنها قرار می‌گرفت. این قصر در قرن هفدهم به دستور شاه عبّاس کبیر در جایگاه بنای تیموری بنا شد و در آن زمان یکی از بلندترین ساختمان‌های جهان به شمار می‌رفت. شاه عبّاس دوم اطاق موسیقی را در آن اضافه کرد. آثار هنری و نقاشی قصر را هنرمند مشهور علیرضا عبّاسی به عهده گرفت.

زندگی اجتماعی و تفریحی در اصفهان منحصر به گردهمایی فامیلی و دوستان و آشنایان بود. مسافرت‌های کوتاه به باغها و گردشگاه‌های محلی با دوستان، مورد پسند بود. باغ شرف در دستگرد یکی از این مکانها بود ساختمانی که در باغ وسیع آن ساخته شده بود شامل چندین اطاق و یک زیرزمین جالب که حوض کوچکی در میان داشت و در تابستان هوای آن بسیار خنک بود. در این باغ یک استخر بزرگ مدور قرار داشت. عکسی از زمان کودکی با پدر و مادر و مرحوم عبدالحسین سپنتا (بازیگر اولین فیلم فارسی) باز مانده است. مرحوم صیرفیان پور در محل دیگر خارج از شهر بوستان بزرگی داشت که ابتدا از آن برای احداث کارخانه چرم‌سازی استفاده کرده بودند ولی آن برنامه به علت

جنگ جهانی دوم موقوف شده بود. مرحوم صیرفیان پور پس از خرید و حفر چاه عمیق آن را به بوستانی تبدیل کرد.

بارها با دوستان و فامیل برای چند روزی هنگام تعطیلات به باغ صیرفیان پور می‌رفتیم. برای جوانان شنا در آب سرد استخر و برای بزرگسالان راه پیمایی و بازی ورق و برای همه دیدار طبیعت زیبا و بکر موجب تقویت قوای فکری و بدنی می‌شد.

در همه شئون زندگی وابستگی‌های دینی نمودار بود. در اطاق خانه پدری تابلوی نقاشی حضرت علی به دیوار نصب شده بود و اگرچه پدر و مادرم هر دو اعتقادات دینی داشتند ولی به گفته آن زمان از جمله طبقات پیشرفته بودند و به آزادی زنان و پیشرفت و تغییر روش زندگی متناسب با پیشرفت‌های علمی، هنری و اجتماعی باور داشتند. مرحوم پدر اکثراً به این گفته پیغمبر اسلام اشاره می‌کرد که فرزندان خود را بر مدار پیشرفت زمان تربیت کنید. تطبیق دین با پیشرفت جامعه، آزادی فکری و کسب آداب تازه برای همگرایی با شرایط نوین اجتماع مغایرت ندارد.

مرحوم خلیل آقا سعیدیان که سابقه فامیلی روضه خوانی داشت و خود معمّم بود و به این حرفه ادامه می‌داد صبح روزهای جمعه به منزل ما می‌آمد و پس از صرف چای و کشیدن قلیان بر صندلی در صدر می‌نشست و روضه می‌خواند. «ننه صغری» کمک منزل قبل از شروع

روضه و شرح واقعه، گریه را آغاز کرده بود و مادرم هم لوازم صبحانه را بررسی می‌کرد.

اعتقادات دینی وسیله‌ای است که انسان را به آفریدگار نزدیک می‌کند تا به‌هنگام نیاز به او پناه آورد.

فعالیت‌های اجتماعی فامیلی در دوران جوانی پیرامون تشکیلات روزنامه عرفان بود. احمد عرفان در ۱۳۰۳ نشریه «مجله عرفان» را انتشار داد. پس از ۶ سال در سال ۱۳۰۹ به روزنامه روزانه عرفان تبدیل گردید. روزنامه عرفان با مدیریت او تا درگذشتش در سال ۱۳۳۰ ادامه داشت.

از آن پس بانو ملک عرفان همسر او مدیریت روزنامه را به عهده گرفت. دکتر احمد شعبانی در کتاب «فهرست روزنامه‌ها و مجله‌های اصفهان» روزنامه عرفان را بدین صورت توصیف می‌کند: «مندرجات پس از درج سرمقالات عبارت است از اخبار محلی اصفهان، اخبار کشور، اخبار خارجه و قسمت‌های کوچک ادبی و اخلاقی که بیشتر به صورت ترجمه یا به صورت مقاله مستقل است. عرفان از جراید متین و موقّر بود که دوره ۲۸ ساله آن برای هر کتابخانه‌ای دارای اهمیت است.»

جلد سوم دانشنامه تخت فولاد اصفهان که در سال ۱۳۸۹ شمسی به چاپ رسیده است بیوگرافی کامل‌تری از احمد عرفان را درج کرده که برخی از نکات آن را در اینجا یاد آور می‌شود.

... رفته رفته در کنار علوم حوزوی به تکمیل و تحصیل علوم جدیدی چون زبان انگلیسی پرداخت و آن را نیکو و بسیار مسلط آموخت و علوم ریاضیات را در خدمت «محاسب‌الدّوله» به تحصیل پرداخت. همچنین تسلط و آگاهی او بر ادبیات فارسی باعث شد که مدارس جدید او را برای تدریس دعوت به همکاری کنند. ... در همین سال‌ها بود که اقدام به انتشار «مجله عرفان» و پس از آن روزنامه عرفان را منتشر نمود، ... سال اول مجله در دوازده شماره خاتمه یافت. ... در سال ۱۳۰۶ شمسی عمر مجله عرفان به پایان رسید. در همان سال روزنامه عرفان را منتشر نمود. ... از سال ششم به طور یومیه و هفته‌ای سه نوبت منتشر می‌شد. آخرین شماره آن در بیست آبان ۱۳۳۰ سه روز قبل از وفاتش منتشر شد.

این جریده که از روزنامه‌های متین و وزین اصفهان بود دارای مندرجاتی از قبیل اخبار محلی و داخلی شهر اصفهان، مطالب علمی و ادبی و اخلاقی و تاریخی و گاهی ترجمه بعضی کتاب‌های معتبر می‌شد و مطالب این روزنامه با قلمی عفیف و شیوا بود و هیچ وقت از حدود

عفت قلم و حفظ حقوق افراد و طبقات و متانت و وقار روزنامه نگاری خارج نشد.

مادّه تاریخ زیر از طرف یکی از دوستانش جهت روزنامه عرفان سروده شده است:

جویی تو اگر فلسفه ایمان را
می خوان همی سرمجله عرفان را
شیرین سخنی از اول هر مصرع
بنمود و گفت تاریخ آن را

... و چون مورد اعتماد و وثوق مردم قرار گرفته بود در اکثر محافلی که در رابطه با امور شهری و مردمی بود از او دعوت به عمل می‌آمد. وی همچنان پانزده سال در انجمن شهر اصفهان صادقانه خدمت و یاری کرد و با عضویت در انجمن نظارت انتخابات مجلس شورای‌ملی خدمات خود را کامل نمود. ایشان بسیار مورد توجه تمام مردم بود و به درستی و متانت معروف بود.[۱]

[۱] گردآورنده: علی اخضری

متأسفانه تنها یک جلد از دوره روزنامه از سال ۱۳۱۰ تا سال ۱۳۱۲ در دسترس است که به همت دکتر مهدی سعیدیان دوست دیرین فامیلی پیدا شد.

ورق زدن برگ‌ها و مندرجات سال ۱۳۱۰ شمسی مرا به یاد آن مثل انگلیسی انداخت که می‌گوید «هرچه چیزها تغییر می‌کنند باز هم به گذشته شباهت دارند.»

سرمقاله شماره ۶۱۰ تاریخ ۱۲مهرماه ۱۳۱۰ تحت عنوان صفا گاه شهر می‌نویسد «در ممالک راقیه و بلاد متمدنه زیبا در شهرهایی که قدر زندگی و حیات را می‌دانند و حاضر نیستند اوقات شبانه روزی خویش را بدون لذت و فرح و نشاط خاطر سپری کنند به موضوع صفا گاه‌ها و نزهت گاه‌ها و مواقع مفرحه و تفرّج خیز شهر اهمیت داده و توجه کامل و مخصوص بدین مسأله ابراز می‌دهند.

صرف نظر از باغ‌های متعددی که در هر نقطه شهر می‌باشد و بعلاوه باغ‌های ملی، جنگل کاری‌های دامنه کوهستان و سواحل دریاچه‌های مصنوعی و طبیعی که با زحمت و مرارت احداث کرده‌اند به مسأله درخت کاری و تولید باغ و احداث جنگل در اطراف شهر اهمیت کاملی داده و با هر قیمت و مقداری که باشد بر نزهت و صفای مناظر شهرها افزوده و بر طراوت و خضارت اطراف آبادی‌ها می‌افزایند.

اصفهان اگر از نعمت گل کاری‌ها و باغ ملی‌ها و بلوارها و صفاگاه‌ها و مواقع لذت بخش محروم است در مقابل طبیعت یک نعمت دیگری به او بخشیده که به واسطه موقعیت خوب آن همیشه پر از طراوت و خضارت بوده و بر اثر جریان رودخانه زاینده‌رود پیوسته واجد حسن منظره و زیبایی تماشاگاه است.

سرمقاله پس از شرح بیشتر درباره زاینده‌رود می‌نویسد:

«حالا که هنوز بودجه بلدیه ما آنقدرها بنیه تأمین احتیاجات شهر را حاصل ننموده و صندوق اصلاحات عمرانی اصفهان آن طور سنگین نشده تا بشود نزهت‌گاه و صفاگاه مصنوعی احداث کرد مردم سست و خمود این شهر را گاهی چند به هدف نشاط و سرور و زندگی پر از امیدواری و مقرون با تفریح و تفرج مشروع بکشاند.»

گویا آرزوها و پیشنهادهای نویسنده آن زمان «۱۳۱۰ شمسی» به واقعیت رسیده امید است زمانی برسد که مردم اصفهان نگران تأمین زندگی روزانه و آینده خود نباشند تا بتوانند با آسایش خاطر از هدیه‌های طبیعت و جلال و شکوه بیکران فرهنگی اصفهان برخوردار شوند.

سرمقاله دیگری در شماره ۶۶۴ مورخ ۱۵ دیماه ۱۳۱۰ شمسی تحت عنوان:

«متجددین ایرانی در قرون بعد از اسلام» مندرج و شاهد این نکته است که همان افکار و تفحّصات با گذشت زمان هنوز تغییر نکرده. متن این سر مقاله از این قرار است: «بعد از اسلام هم علاقمندان به عظمت و تعالی ایران و طرفداران استقلال و ترقی این مملکت بعضاً وسایل جنگی اتخاذ کرده و با روحیه سلحشوری نظامی برای ایران فداکاری و مبارزه کردند. پس از غلبه دو قرن عرب و در دنبال سلطه و سلطنت شئون عربی که حتی آداب زندگانی ما هم تغییر کرده و یکباره بهی و رسم کهن متبدل به رسم و آداب عربی شد. طبقات علاقمند به استقلال و عظمت ایران و نفرات دوستدار ترقی ایرانیت باز همان وسایلی اتخاذ کردند که ایرانیان غیور در قرون قبل از اسلام برای نجات وطن و مملکت خود بدانها متوسّل می‌گشتند.

یعقوب لیث صفار چون اردشیر بابکان و شهریار صفوی چون شاهنشاه ساسانی به بسط دایره ایرانیت و اتفاق اساس عجمیت پرداخته و درست ایران را با شئون و آداب ایرانی پس از سال‌ها پیر شدن و فرسوده گشتن در زیر آداب و رسوم عربیت از سر نو تجدید حیات ادبی و علمی نموده و واجد سر و صورت سیاسی و اجتماعی گرداندند.»

مورخین معتقدند که ترویج مذهب شیعه توسط پادشاهان صفوی که یک جنبش ملی ایرانی برای رهایی از سلطه و چنگال نیروی عرب بود

خود زاییده پیشرفت‌های هنری، علمی و ادبی مسلمانان شد. پیروی از دیانت در اجتماعات پیشرفته خود ضامن شرایط و حدودی است که از مضار افراطی آن جلوگیری می‌کند.

سرمقاله شماره ۶۷۷ تاریخ ۶ بهمن ۱۳۱۰ تحت عنوان «پیروی دیانت» چنین می‌نویسد:

«نه آنچنان متعصب و منجمد که از گفته‌های خشک و جامد متعصبین و جهال خارج نشده و نه چندان لاابالی که به هیچ‌یک از شئون و شعایر مذهب اعتنا نکرده و مقررات اخلاقی و اجتماعی دیانت را زیر پا گذارده غیر قابل اعتنا به‌شماریم، بلکه دیانت را تا آنجا پیروی باید کرد که تالی فاسد اجتماعی نداشته و به ضرر سعادت و سلامت مردم نبوده باشد. یک عبارت عربی که قطعاً از متفکره ایرانیان مستعرب تراوش کرده است می‌گوید: شخص جاهل هماره بین افراط و تفریط است بدین معنی که آدم نا فهم و دور از حقیقت و کسی که شبستان ظلمانی قلبش را نور معرفت روشن ننموده و نتوانسته است از مشعل عرفان و دانشمندی، خانه دلش را نورانی و از چراغ پر نور فهم و خرد مغزش را مستفیذ گرداند چنین کسی همیشه در امورش یا در طرف افراط و زیاده‌روی بوده و یا جنبه تفریط و طرف نقص را می‌پیماید.... در مسأله دیانت و احکام و مقررات مذهبی این نظریه عیناً مصداق داشته و این حقیقت کاملاً آشکار و محسوس می‌باشد. اگر در روحیات

دین و اخلاقیات مردم وارد، نفوذ و مطالعه شده و بخواهید که نظریه خویش را تا اعماق قلوب و متفکره آنها بکاوش و تحقیق مجرا دارید خواهید فهمید که در کلیه مسائل دیانتی و در جمیع علایق مذهبی تمام طبقات مردم همین حال را داشته و مصداق همین حقیقت می‌باشند. عالم و جاهل، برنا و پیر در تمام عادات و اخلاق مذهبی و در نوع علایق دینی به همین طریقه مشی کرده و چنین ره گذارند یا متعصب و خشک و جامد بوده و شدیداً به هرگونه لاطائلات و اباطیلی که بنام مذهب و به عنوان احکام خدایی به مغزشان فرو می‌کنند و جداً پیرو اباطیل و خرافات گشته و مذهب را عبارت از همین قیود بی معنی و عوامل تأخر و تدنی فرض می‌کنند .....»

در پایان این مقاله نویسنده یادآور می‌شود که اعتقادات دین افراطی منحصر به دین اسلام نیست و در مسیحیت هم نفوذ کامل کرده و در کلیساها هم در قرون ۱۷ و ۱۸ در اروپا محسوس و بسیاری از اعتقادات آن با قوانین مدنی امروزی مغایرت داشت و حتی تا اوایل قرن نوزدهم عقیده الحاد نیز شایع بود.

در دوره سی و چهار ساله نشر روزنامه عرفان نویسندگان بارز و شخصیت‌های زبده در مطبوعات آن زمان حرفه خود را از آن جریده آغاز کردند. فهرست آنها از ابتدا تا انتها بدین قرار بود:

۱- کیوان قزوینی که نوشته‌هایش درباره خرافات دینی و افشای نادرستی و تهی بودن آنها از حقیقت عامل مهمی در مبارزه با خرافات در اصفهان بود.

مبارزه با خرافات دینی در هر جامعه و مذهبی کار آسانی نیست زیرا این باورهای واهی از کودکی به آنها تلقین شده است. نوشته‌های کیوان قزوینی از لحاظ سبک ادبی نیز مورد پسند قرار می‌گیرد.

۲- ابوالقاسم پاینده نویسنده‌ای بود که به دو زبان عربی و فرانسه تسلط کامل داشت. پس از ترک روزنامه عرفان و عزیمت به تهران نشر مجله «صبا» را آغاز کرد که از جمله مجلات مشهور آن دوران گردید. ابوالقاسم پاینده مدتی نیز به ریاست رادیوی تهران منصوب شد. او قرآن را نیز با سلاست و روانی به فارسی ترجمه کرد.

۳- فرزانه یزدی نویسنده قابلی بود و پس از ترک روزنامه عرفان و عزیمت به تهران در مجله اطلاعات هفتگی حرفه نویسندگی را ادامه داد.

۴- رسا در تهران مدیر «روزنامه قانون» بود. مندرجات روزنامه او مورد پسند فرمانروایان نبود. امتیاز روزنامه او را لغو و او را به اصفهان تبعید کردند.

احمد عرفان رضایت صور اسرافیل استاندار اصفهان را برای کمک به این نویسنده کسب کرد. برای شروع زندگی در اصفهان احمد و ملک عرفان از هیچ نوع کمکی به او دریغ نکردند.

رسا مردی درشت هیکل با چهره‌ای تیره و لب‌های کلفت و صدای بم بود و هیبتی ویژه داشت و در مکالمه بسیار مثبت و مطمئن بود. شاید همین خوی سماجت مورد اختلاف نظرش با دولت وقت بود.

احمد عرفان که به ملایمت طبع شهرت و در ترغیب دوستان مهارت داشت رسا را با سبک نویسندگی روزنامه عرفان آشنا کرد و او به نویسندگی ادامه داد.

۱- عبدالحسین سپنتا شخصیّت هنری جالبی بود که من با او از دوران کودکی تا زمانی که در سن ۲۴ سالگی اصفهان را ترک کردم آشنایی داشتم.

سپنتا کارگردان و هنرپیشه اولین فیلم‌های ناطق فارسی است که در سال‌های ۱۹۳۱ تا ۱۹۳۷ در هندوستان ساخته شد. دختر لر، شیرین و فرهاد و لیلی و مجنون از آن جمله‌اند. پس از بازگشت به ایران فعالیت‌های او در تهران برای شروع هنر فیلم سازی با موفقیت روبرو نشد. پس از نا امیدی در تهران به اصفهان آمد، احمد و ملک عرفان

برای شروع زندگی ایشان در اصفهان بی دریغ با او و بستگانش همکاری و همراهی نمودند.

سپنتا شخصیتی جالب و سرگرم کننده داشت. ذوق هنری و خلاقیت را در همه شئون زندگی نشان می‌داد. نوشته‌های او ساده و روان و گرایش به فارسی سره داشت. یکی از آثارش بنام اسرار جنگل در روزنامه عرفان درج و به چاپ رسید. پس از ترک روزنامه عرفان در سال ۱۹۴۳ میلادی به نشر روزنامه سپنتا پرداخت.

شعرهای کوتاه فکاهی درباره حوادث روز در روزنامه سپنتا جلب توجه می‌کرد.

در زمان جنگ بعضی از سربازان آمریکایی از طرف یکی از معتمدین شهر به مهمانی شام دعوت شدند. فقط یک بیت از شعری که سپنتا با اشاره به آن مهمانی سروده بود به خاطرم مانده:

هلوجانی هلوجانی شنیدستم روی شبها به میهمانی
خوری سور فراوانی هلوجانی هلوجانی

روزنامه سپنتا مدت دو سال در اصفهان منتشر شد.

۲- آخرین سردبیر روزنامه عرفان مرحوم استاد علی‌اکبر ابرقویی بود که نگارنده در تمام دوران جوانی با او آشنایی کامل داشتم.

ابرقویی یکی از استادان عربی در مدارس اصفهان بود. در سال ۱۳۱۷ شمسی در آغاز تحصیل در دوره متوسطه در دبیرستان ادب برای اولین بار با او آشنا شدم. او زبان عربی را در دوران طلبگی در مدارس علوم دینی آموخته بود. بعد از ورود و سکنی در اصفهان و ملبس شدن به لباس جدید به شغل دبیر زبان عربی در اداره فرهنگ اصفهان منصوب گردید. او مردی کوچک جثه بود که صبحگاه با موهای ژولیده و کراوات کج بسته به کلاس درس وارد می‌شد.

شاگردان جوان به تعلیمات زبان عربی گرایشی نداشتند استاد را با آغوش باز نمی‌پذیرفتند ولی استاد با ملایمت و بردباری با آنها رفتار می‌کرد.

در این زمان استاد ابرقویی به روزنامه عرفان پیوست - احمد عرفان که در پرورش نویسندگان جدید مهارت داشت پس از چندی نگارش سرمقاله روزنامه عرفان را به ابرقویی سپرد. قبل از درج در روزنامه هر دو، درباره متن سرمقاله بحث و گفتگو می‌کردند و احمد عرفان نکات مربوط به شرایط زمان و مبانی حساس سرمقاله را خاطرنشان می‌کرد این همکاری حرفه‌ای همواره با هم آهنگی و رضایت برای سالیان دراز تا پایان ادامه یافت. پس از افتتاح دانشگاه اصفهان مرحوم ابرقویی به سمت استادی در آن دانشگاه منصوب شد.

احمد عرفان پس از انجام وظایف روزانه (شرکت در انجمن شهر و غیره) به اداره روزنامه می‌آمد و در آن اوقات عده‌ای از نویسندگان و علاقمندان به امور اداری و سیاسی و اجتماعی اصفهان بدون دعوت قبلی گرد می‌آمدند و به تبادل نظر می‌پرداختند.

در حین تصحیح و تحریر این نوشته بر سبیل تصادف فرصت آشنایی با پزشک عالیقدر و شاعر فصیح دکتر مرتضی مشایخی بدست آمد. دکتر مشایخی در سن دوازده سالگی در اصفهان (۱۳۱۱ خورشیدی) شعری زیر عنوان آبادی وطن می‌سراید که مورد توجه اطرافیان قرار می‌گیرد و آن را برای درج در نشریه‌ای به اداره روزنامه عرفان هدایت می‌کنند.

استحکام ادبی این شعر برای یک جوان دوازده ساله مورد تقدیر و تشویق احمد عرفان قرار گرفته و آن را به درج می‌رساند. دکتر مشایخی این قدرشناسی را یکی از عوامل ترغیب او به شاعری و نویسندگی می‌داند.

آبادی وطن

باز بر صحنه آفاق نظر باید کرد
از وطن با دل و جان رفع خطر باید کرد
خانه ملک ببایست نمود آبادان
در چنین خانه آباد مقر باید کرد

ملک مردان قوی خواهد و افکار بلند
از سر خویش خرافات بهدر باید کرد
در پی خواب و خور و سیم و زر و ملک جهان
از چه این عمر گرانمایه هدر باید کرد
غصه بیش و کم عمر نباید خوردن
فکر آزادی نوع بشر باید کرد
بارد از سنگر دشمن به جهان تیر هلاک
بر بر دشمن دون سینه سپر باید کرد
در لوای هنر و دانش و فرهنگ نوین
با سر و روی خوشی عمر به سر باید کرد

برای جوانی که تجربیات روزانه‌اش منحصر به برنامه‌های تحصیلی دبیرستان بود شرکت در این محافل غنیمتی بس گرانمایه بود. همین تجربیات ذوق ادبی و نویسندگی را در من تحریک کرد و به‌تدریج به نوشتن و ترجمه مقالات مجله‌های انگلیسی زبان پرداختم.

یکی از آخرین سردبیران روزنامه در حیات مرحوم عرفان محمد حسین فصیح بود که خود نویسنده‌ای قابل به‌شمار می‌رفت.

از جمله نویسندگان دیگری که مقالات خود را در طول زمان درجریده عرفان درج می‌کردند نصراله سروش، رضا عرفان، سرتیپ سهراب، عنایت‌اله خان سهراب، مهندس دستگردی و ناظرزاده کرمانی را می‌توان نام برد.

شخصیت جالبی که در این دوران با او آشنا شدم محمدعلی مکرم مدیر روزنامه صدای اصفهان و شاعر فکاهی سرا بود. روزنامه‌اش در چاپخانه عرفان به طبع می‌رسید و او برای تصحیح مقالات قبل از انتشار به آنجا می‌آمد. مردی سیه چرده و کوچک جثه بود که شباهت زیادی به مهاتماگاندی (هندی) داشت.

درحین تصحیح مقالات به تکرار کلمات بی معنی و مکرری می‌پرداخت. مندرجات روزنامه‌اش غالباً افکار فکاهی و انتقادی بود زیرا در این رشته خود، سابقه درخشانی در مبارزه با خرافات دینی داشت.

ایرانیان در گذشت زمان علیرغم تهاجم بیگانگان توانسته‌اند با مبارزه و تعدیل نیروهای مهاجم ماهیت ملی و سنن و آداب و رسوم خود را نگهدارند.

حکومت صفوی برای حفظ استقلال ملی و رهایی از تسلط اعراب به ترویج اسلام شیعی در برابر اسلام سنی پرداخت.

متأسفانه در دوران حکومت قاجار با ارتباط تنگاتنگ دین و حکومت خرافات دینی هم گسترش یافت و در دسترس شیادان متظاهر به دین قرار گرفت تا از مردم ساده لوح برای افزایش قدرت و مال و منال استفاده کنند.

اصفهان در اواخر دوره قاجار نمونه بارزی از این پدیده بود.

در اواسط سال ۱۳۲۹ هجری قمری شیخ محمد تقی مسجد شاهی معروف به آقا نجفی، روحانی پرقدرت اصفهان بود و چون با حاکم زمان درگیر شد برای قدرت نمایی موضوع معجزات هارون ولایت را بر سر زبان‌ها انداخت.

هارون ولایت در میدان کهنه (قدیم) اصفهان مقبره‌ای است که شخصی بنام هارون در آن دفن است روایات مختلفی درباره هویت واقعی او وجود دارد چون او را از نوادگان ائمه اطهار دانسته‌اند یکی از مراکز دینی برای زیارت مردم شده است. کلیمی‌ها هم معتقدند هارون یکی از مقدسین بنی‌اسرائیل است که در آنجا مدفون است به یکی از دیوارهای هارونیه پنجره آهنی نصب کرده‌اند تا جماعت یهود هم از پشت پنجره بقعه او را زیارت نمایند در دوران نفوذ آقا نجفی معجزه‌های زیادی به او نسبت دادند و اعتقاد داشتند که او کور و شل و چلاق و باد فتقی و سایر دردها را شفا داده است.

با شیوع خبر هر معجزه‌ای به دستور آقا نجفی بازار اصفهان برای یک هفته تعطیل می‌شد و شهر را چراغانی می‌کردند در این دوران مکرم به تنهایی با این خرافات مبارزه می‌کرد و شهرت او بخاطر اشعاری بود که به لهجه اصفهانی می‌سرود و بر وزن اشعار نوحه خوانی می‌خواندند معروف‌ترین شعر او شعر هارون ولایت است:

یا هارون ولات معجزه را گروگرش کن
(گر و گر در لهجه اصفهانی به شعله آتش گفته می‌شود)
خشت لحد ملا نصیر را آجرش کن
(ملا نصیر پدر متولی هارون ولایت که در همان مکان مدفون است)
آن بز که به پا قلعه بسی معجزه‌ها کرد
(داستان بزی که به سقاخانه مسجد پناه برد و آب خورد و او را مقدس خواندند.)
یا هارون ولات آن بزی را شترش کن
صد بار قر تخم حلال از تو شفا یافت
(قر بر وزن پُر به فتق می‌گویند)
یکبار تو یک تخم حرومی را قرش کن
هرکس به رواق تو زند لاس به زنها
یا هارون ولات چرتا برم بی چرچرش کن
(چر، آلت رجولیت)
هر زن که به اطراف ضریحت به طواف است
از پنجره یک مشت نخوچی پری چادرش کن
چون بره نذری ز برای تو بیارند
کن قسمت سادات و به شب جنده خورش کن
هر کس که کند سجده به دور حرم تو

یا هارون ولات شمعی گچی در دبرش کن

(دُبر، ما تحت)

خادم چو بریزد کپ می را به پیاله

(کُپ ظرف بزرگ شیشه‌ای)

به خادم زن قحبه بفرما که پرش کن

ای آنکه کنی نذر به آمرزش اموات

نذری پی تعمیر کنار آب و کُرش کن

(کنار آب منظور مستراح است)

اگر این شعر به لهجه اصفهانی خوانده شود لطافت هنری آن بهتر آشکار می‌شود.

با این مثال اشاره به ترقیات و تحولات اجتماعی اصفهان در آن روزگاران برای خوانندگان نسل جدید و همچنین برای تکریم و تقدیر از آنان که در پیشرفت اجتماع به سهم خود قدم برداشتند نگاهی به گذشته برای راهنمایی آینده لازم است.

خدمات رضاشاه در ایجاد یک حکومت مقتدر مرکزی و نجات کشور از ملوک الطوایفی قابل انکار نیست. پس از استقرار حکومت سراسری در کشور، تحولات اجتماعی و ایجاد سازمان‌های شهری مانند وزارت خانه‌ها، ادارات دولتی مثل دادگستری، دارایی، فرهنگ، ثبت احوال، پست و تلگراف و ارتش به وجود آمد. قبل از ایجاد سازمان

ثبت احوال مردم شناسنامه نداشتند و افراد با اسم خود و پدر خوانده می‌شدند.

یکی از مهمترین پیشرفت‌ها آزادی زنان و ورود آنان به اجتماع بود. اگر امروز بیشتر دانشجویان دانشگاه‌های ایران دختران هستند باید بخاطر داشت که ورود آنان از خانه به اجتماع در آن زمان اتفاق افتاد.

نگارنده هم مانند بسیاری بر این باورم که پیشرفت هر جامعه‌ای به زنان و مادران آن بستگی دارد. در ایران باستان ملکه‌ها حکومت داشتند و با مردان تفاوتی نداشتند.

در آن زمان که اعراب صحرانشین از به خاک سپردن نوزادان دختر خود ابا نداشتند زنان ایران با مردان برابر بودند.

در اینجا نگارنده به فعالیت‌های پدر و مادرم در راه خدمت رسانی و اعتلای زندگی مردم اصفهان که از نزدیک شاهد آن بودم اشاره می‌کنم. بدون تردید بسیاری از خانواده‌های دیگر اصفهان هم در مقام خود به پیشرفت مردم اصفهان کمک کرده‌اند.

احمد عرفان در سال ۱۳۰۳ برای اولین بار نشر مجله عرفان هفتگی را آغاز کرد و پس از سه سال، در سال ۱۳۰۶ شمسی روزنامه روزانه عرفان را منتشر کرد. روزنامه عرفان فعالیت‌های ادبی و اجتماعی خود را تا آبان، ۱۳۳۰، زمان درگذشتش ادامه داد. گذشته از نشر روزنامه در

سازمان‌های شهری مانند عضویت در انجمن شهرداری، کمیسیون نظام وظیفه، اداره تربیت بدنی و ریاست سازمان حمایت زندانیان فعالیت داشت. ساختمان کنونی شهرداری مرکزی اصفهان در آن زمان ایجاد شد. مدتی نیز به ریاست حزب عدالت در اصفهان انتخاب گردید و در امور سیاسی و انتخاباتی مورد مشورت قرار می‌گرفت. در زمان دولت کوتاه مدت رزم آرا در انتخاباتی که برای انجمن‌های ایالتی و ولایتی برگزار گردید نامزد و نفر اول انتخاب شد ولی با ترور رزم آرا تشکیل انجمن‌ها تحقق نیافت تشکیل چنین انجمن‌هایی برای گسترش حکومت از مرکز به استان‌ها و شهرها و شروع حکومت دموکراسی اقدام با ارزشی است.

ملک عرفان مادرم نیز بانوی پرکار و فعال در امور اجتماعی بود در دبیرستان بهشت آیین خانه داری و در دبستان ارامنه جلفا زبان فارسی تدریس می‌کرد.

عضو انجمن بانوان و از کارگردانان آن بود این انجمن با کمک استاندار وقت و احمد عرفان پرورشگاهی برای اطفال بی سرپرست در خیابان احمد آباد ساخته و دایر نمود.

اسامی برخی از اعضای آن انجمن را بخاطر دارم از جمله بانوان مهین و فخری و فروغ امین بانو فیلسوف بانو کساییان بودند که با اشتیاق فراوان امور این پرورشگاه را بررسی و پیگیری می‌کردند. همسر

استاندار وقت نیز همواره ریاست افتخاری این انجمن را داشت. گویا این پرورشگاه در حال حاضر به سازمان بهزیستی منتقل شده است.

تحولات سیاسی اصفهان با شرایط و حوادث ملی و تصمیمات دولت مرکزی ارتباط مستقیم داشت و استاندار که مجری دستورات دولت بود در این موارد اختیار تام داشت.

رهبران سیاسی اصفهان با در نظر گرفتن شرایط و منافع اجتماعی و شهری مسئولیت‌های خود را اجرا می‌کردند. سال‌های ۱۳۳۰ تا ۱۳۳۴ شمسی دوران پر شرری بود که از برخورد منافع دو قدرت شرق و غرب (اتحاد جماهیر شوروی و دول غربی) سرچشمه می‌گرفت و با منافع نفتی این قدرت‌ها ارتباط داشت.

پس از انتخاب دکتر مصدق که محبوبیت فراوان داشت به سمت نخست‌وزیری آزادی بی حدی به فعالیت‌های احزاب داده شد. حزب توده فعالیتهای خود را از زمان تشکیل (۱۳۲۱) شروع کرده و در اصفهان با شرکت کارگران کارخانه‌های نساجی تبدیل به نیروی غیر قابل انکاری شده بود.

صارم‌الدوله (اکبر مسعود پسر ظل‌السلطان شاهزاده قاجار) رابطه نزدیکی با دربار (محمدرضا شاه) داشت و رکن مهم سیاسی اصفهان بود. در انتخابات محلی و مجلس شورای ملی نقش مهمی داشت،

استانداران وقت پس از انتصاب، اکثر در امور اجتماعی و سیاسی اصفهان با او مشاوره می‌کردند و پیشنهادهای او را مدّ نظر قرار می‌دادند. بخاطر دارم که روزی به همراه پدر به محل ییلاقی صارم‌الدوله که خارج از شهر بود رفتیم. مسکن او باغی بزرگ و زیبا بود و هوای خنک و مطبوع آن در اوج گرمای تابستان بسی دلنشین بود.

در فضای باز، کنار جوی روانی چندین نفر از رهبران سیاسی و حزبی و اقتصادی اصفهان گرد آمدند. من تنها کودک حاضر در گوشه دیگری جدا از مجمع بزرگان جا گرفتم. شرکت کنندگان دیگر عبارت بودند از تقی فداکار (رهبر پر قدرت حزب توده اصفهان)، حاج آقا حسام دولت‌آبادی (با گرایش‌های ملی)، فرج‌اله مصباح فاطمی (از بستگان دکتر حسین فاطمی وزیر امور خارجه دکتر محمد مصدق)، برومند (ملاک) و امامی (تاجر). برنامه این جلسه انتخاب کاندیداهای مجلس شورای ملی ۱۳۲۳ بود. فداکار، حاج آقا حسام دولت آبادی، امامی و برومند برای نامزدی پیشنهاد و انتخاب شدند.

مشاهده همکاری نیروهای مخالف در انتخاب نمایندگان مردم با در نظر گرفتن زمان و شرایط قابل توجه است زیرا همه قدرت‌ها با وجود اختلاف نظر، عقیده و مرام برای شرکت در مجلس شورای ملی انتخاب شدند.

در سال ۱۳۲۲ شمسی برای اخذ دکترای پزشکی تحصیلات خود را در دانشکده طب شیراز شروع کرده و در سال ۱۳۲۹ در دانشکده پزشکی دانشگاه تهران به پایان رساندم. دوران تحصیلی من با تشنجات سیاسی و اجتماعی شدید همزمان بود. حوادث از آن زمانها تا کنون با سیاست‌های نفتی و منافع دول خارجی در خاورمیانه ارتباط مستقیم دارد. همانطور که در صفحات قبل اشاره رفت آزادی مطبوعات و تبلیغات و تظاهرات سیاسی، نفوذ و قدرت نیروهای چپ (حزب توده) در تمام کشور بطور بارز محسوس بود. افکار آنان در نسل جوان تأثیر فراوان داشت. من هم با اینکه در محیط معتدل و محافظه کار سیاسی و اجتماعی رشد کرده و با تجربه بودم تحت تأثیر آن تبلیغات به اندکی از افکار آنان گرایش داشتم. در سال اول دانشکده در شیراز در خانه یکی از دوستان فامیلی آقای ابوالحسن البرز و بانویش بودم. خانواده شریف و با محبتی بودند و مرا چون فرزند جوانی از خود پذیرفتند.

مرحوم البرز رئیس بانک سپه شیراز بود. مردی بلند قامت، خوش برخورد و خوش لباس بود که آغاز روز پس از صرف صبحانه مختصری با اشتیاق به سوی کار می‌شتافت و پس از پایان کار به منزل بر می‌گشت. توجه او به نظم امور از صفات شغلی او حکایت می‌کرد. پس از اختتام کار اداری و بازگشت به منزل، هنگام صرف چای در کنار او می‌نشستم. از فعالیت‌های من می‌پرسید و درباره امور روز صحبت

می‌کردیم. یکبار در میان گفتگو من بر اساس نوشته‌ها و تبلیغات چپ از حکومت رضاشاه بدگویی کردم، با لحن مهربان و ملایم گفت: «ببم، تو چندی پیش با اتوبوس صبح از اصفهان حرکت کرده عصر آن روز به اینجا رسیدی. این مسافرت راحت و بی خطر قبل از حکومت رضاشاه امکان پذیر نبود. قبل از رضاشاه چنین مسافرتی در مدت طولانی‌تر و چه بسا با خطر دزدان و راهزنان مسلح و باج گیران میسر می‌شد.» آلوده کردن افکار مردم به ویژه مغزهای جوان با تبلیغات انحرافی به مکان جغرافیایی خاصی وابسته نیست و در اکثر جوامع آشکار است.

تبلیغات چپی (توده‌ای - کمونیستی) و ضد سلطنت در آن زمان با تأکید بر بی‌سوادی و دیکتاتوری رضاشاه جولان می‌دادند بدون این که خدمات این مرد بی‌سواد!! دارای نبوغ و وطن پرست را مد نظر قرار دهند. دوران سلطنت رضاشاه با حکومت آتاتورک در ترکیه همزمان بود شاید افکار و هدف‌های ملی این دو بیشتر از شرایط مشترک سرچشمه می‌گرفت.

پس از ایجاد یک حکومت مقتدر مرکزی تمام تأسیسات حکومتی و ملی فعلی از زمان او به وجود آمد. شاید برجسته‌ترین اقدام او ایجاد دانشگاه تهران، وزارت فرهنگ و اعزام دانشجو به خارج جهت تربیت نیروی متخصص مورد نیاز مملکت و تأمین استادان دانشگاه باشد.

دیگر از اقدامات مهم او ایجاد راه آهن سراسری ایران بود.

فهرست تمامی اقدامات و خدمات رضاشاه در مراجع تاریخی ذکر شده و در دسترس همگان قرار دارد.

پس از اقامت من در شیراز و اتمام اولین سال تحصیل در دانشکده پزشکی شیراز، برای ادامه تحصیل به دانشکده پزشکی تهران پیوستم. در دوران اقامت در تهران تعطیلات تابستان را در اصفهان می‌گذراندم.

در این زمان بحبوحه سیاسی ملی شدن صنعت نفت شدت یافت و ملی شدن نفت کشور در مجلس شورای ملی به میان آمد، در این موقع مرحوم حاجی علی رزم آرا به نخست وزیری ایران منصوب گردید. او یکی از بازیگران اصلی عرصه سیاسی در آن زمان بود نظریات او مورد پسند طرفداران ملی شدن صنعت نفت نبود. شایعاتی از مذاکرات محرمانه او با روسیه برای استخراج نفت شمال در محافل سیاسی در گردش بود.

رزم‌آرا پس از یکسال در ۱۶ اسفند ۱۳۲۹ به دست خلیل طهماسبی به قتل رسید. خلیل طهماسبی با عنوان جدید استاد خلیل طهماسبی بر اثر تظاهرات مردم از زندان آزاد شد. رزم‌آرا ابتدا با شرکت نفت (AIOC) در مذاکره بود و سعی می‌کرد سهم ایران را به پنجاه درصد برساند. شرکت قبول نکرد ولی یکسال بعد در زمانی که مذاکرات ملی شدن

نفت در جریان بود حاضر بودند که سهم ۵۰ درصد را قبول کنند ولی با ملی شدن نفت در ۲۹ اسفند ۱۳۲۹ و قتل رزم آرا جریان خاتمه یافت.

دکتر محمد مصدق سیاست مدار ملی و محبوب مردم بود با پشتیبانی مجلس به نخست وزیری منصوب شد و با آزادی احزاب و مطبوعات تشنجات شدید در سراسر کشور به وجود آمد. فعالیت‌های حزب توده اصطکاک با جبهه ملی و سایر احزاب مانند پان ایرانیست‌ها و دیگران در محیط دانشجویی دانشگاه بسیار محسوس و نگران کننده بود. دانشجویان فعال حزبی جراید حزبی خود را در دانشگاه توزیع می‌کردند. مقابله با آنها به مشاجره تبدیل می‌شد و با دخالت نیروهای نظامی دانشگاه را می‌بستند. افزایش قدرت نیروهای چپی و نگرانی از شرکت روسیه در استخراج نفت شمال موجب نگرانی شرکت‌های نفتی و سیاستمداران آمریکا و انگلیس گردیده بود. شاه و اطرافیان او با این نگرانی همدرد بودند. امکان کسب قدرت نیروهای چپ و ایجاد یک حکومت چپی و کمونیستی به تدریج امکان پذیر می‌گردید.

تاریخ فعالیت نیروهای چپ در ایران و نتایج آن در ایران در کتاب انگلیسی Rebels with a Cause (طغیان گران با هدف) نوشته مازیار بهروز بطور کامل و مستدل به نگارش در آمده. دوران فعالیت آنان از ۱۳۲۰ اشغال ایران از سوی متفقین در جنگ دوم جهانی تا سال ۱۳۴۲ ادامه داشت.

اشاره به تاریخ

از نظر تاریخی اشاره به ترور رجال سیاسی، مطبوعاتی و حکومتی در تمام دوران تصادمات بین احزاب چپی و ملی قابل توجه است. محمد مسعود روزنامه نگار و ناشر روزنامه مرد امروز یکی از نشریات ضد سلطنتی آن دوران بود. به یاد دارم که در یکی از شماره‌های خود عکس پالتوی پوست اشرف پهلوی را چاپ کرد و از روابط خارج از ازدواج او سخن گفته و به جاه طلبی و هرزگی او آشکارا حمله کرده بود.

اگر چه در دنیای امروزی غرب این زشتی‌ها قابل قبول‌اند ولی در آن زمان و شاید اکنون نیز در ایران قابل قبول نباشد. محمد مسعود در سال ۱۳۲۷ شمسی به ضرب گلوله به قتل رسید. شایع بود که عوامل دولتی و سلطنتی در قتل او نقش داشتند. دو سال بعد احمد دهقان نماینده مجلس و ناشر مجله تهران مصور (ضد توده) به قتل رسید.

با این سابقه تاریخی عوامل چپی و امکان استفاده نفتی روسیه در ایران، آمریکا شاه را وادار به برکناری محمد مصدق کرد. شاه فرمان نخست وزیری را برای سرلشکر زاهدی صادر و ایران را ترک کرد و به ایتالیا رفت. پس ازموفقیّت کودتای سرلشکر زاهدی، شاه پس از چند روز به ایران برگشت و دکتر مصدق به سه سال بازداشت در منزل محکوم شد.

تغییرات روانی و روش حکومت محمدرضاشاه پس از این حوادث و گرایش او از آن پس به اعمال قدرت از دید تاریخی قابل توجّه است.

در این سالها کشور دوره‌های گوناگون آرامش و شورش را می‌گذراند. در این تلاطم‌ها سفینه کشور با سرنوشت ناخدای آن همگون بود.

محمد رضاشاه در سن ۶ سالگی برای تحصیل به یک شبانه روزی در سوئیس فرستاده شد. ۱۶ ساله بود که به ایران بازگشت و در دانشکده افسری تهران ادامه تحصیل داد. ناگهان در سن ۲۲ سالگی یک جوان بی تجربه با مخلوطی از فرهنگ شرق و غرب به تخت سلطنت نشست. زمانی که ایران را دو نیروی بیگانه از شمال و جنوب اشغال کرده‌اند نیروهای نظامی انگلیس روسیه و امریکا از راه آهن سراسری برای انتقال نیروهای نظامی و اسلحه استفاده می‌کنند و نیروهای متفقین در اکثر شهرهای ایران در گذرند و نخست وزیر زمان می‌گوید «می‌آیند و می‌روند و به کسی کاری ندارند.»

بدون تردید محمد رضاشاه در این زمان آمادگی ناخدایی کشتی کشور را در میان این دریای طوفان زده نداشت.

محمد علی فروغی نخست وزیر وقت به کاردانی و مهارت سیاسی شهرت داشت. در قرارداد با متفقین برای استقلال و تمامیت اراضی کشور و محافظت از سلطنت عامل مؤثری بود.

بدون تردید زندگی در سوئیس اگرچه کوتاه در سالهای کودکی و نوجوانی در شخصیت و فرهنگ او تاثیر فراوان داشت.

ندانم کاری او در ابتدای زمامداری به ناچار او را متکی به مشاوران دربار کرد اگر چه در ابتدا لازم بود. ولی به تدریج به شکل یک حکومت الیگارشی مرکزی درآمد.

بحث درباره جزئیات اتفاقات زندگی و حکومت او و از حوصله این نوشته خارج است ولی می‌توان گفت همانطور که اکثر تحولات سیاسی خاورمیانه وابسته به کنترل نفت این منطقه است تشنجات شدید سیاسی ایران در زمان محمد رضاشاه هم ناشی از همین پدیده است به همین دلیل بسیاری او را ضعیف می‌خوانند. پس از شکست‌ها و رهایی از چندین سوء قصد به تدریج به دین پناه آورد. نجات از سوءقصدها را به‌علت محافظت اولیاء دین و ائمه اطهار از خود می‌دانست. اهم خدمات او عبارتست از آزادی زنان، تقسیم اراضی، تغذیه رایگان دانش آموزان مدارس، ایجاد سپاه دانش و سپاه بهداشت و آموزش رایگان در همه مقاطع تحصیلی از ابتدایی تا دانشگاه، بدون شک محمد رضاشاه

در نظر داشت که مملکت با پیشرفت‌های اقتصادی، فنی و اجتماعی بتواند با ممالک مترقی جهان برابری و رقابت کند.

دراین دوران پیشرفت زنان در همه امور و سطوح زندگی مثل مدیریت بیمارستان پهلوی، تحصیل در رشته پزشکی، مهماندار هواپیمایی هما، دبیری دبیرستان و بسیاری از پیشه‌های دیگر ادامه یافت.

دانشکده افسری شهربانی در این دوران افتتاح شد. مشاهده افسران تحصیل کرده جوان با یونیفورم جدید جلب توجه می‌کرد و انتظار می‌رفت که نیروی انتظامی بهتر بتواند به نیازمندی‌های مردم پاسخ دهد.

بزرگترین پیشرفت‌های این زمان تقویت نیروهای سه‌گانه دریایی، هوایی، و زمینی بود.

افسران جوان جدید در دانشکده‌های نظامی آمریکا دوره‌های آموزشی را می‌گذراندند. کیسینجر وزیر امور خارجه آمریکا طرفدار تقویت نیروهای نظامی ایران بود تا ایران بتواند امنیت خلیج فارس را به عهده بگیرد.

اگرچه با امتیاز درآمد نفت پیشرفت‌های جالبی در اکثر شئون مملکت حاصل گردید ولی این بهبودی برای گروهی از مردم محسوس نبود و اختلاف طبقاتی گسترش یافت. همانطور که قبلاً اشاره رفت این

پدیده‌ای است که در نتیجه روش‌های حکومت دیکتاتوری و الیگارشی بوجود می‌آید و به تدریج به انحطاط منجر می‌شود.

بین سالهای ۱۳۱۰ تا ۱۳۲۰ شمسی، مراسمی در عمارت چهلستون اصفهان، ردیف اول ایستاده: استاندار وقت در میان و احمد عرفان (رییس تربیت بدنی) نفر سوم از سمت راست، اهدای جوایز ورزشی.

بین سالهای ۱۳۲۰ تا ۱۳۳۰ شمسی، مراسمی در عمارت چهلستون اصفهان، احمد عرفان (مشغول تنظیم جوایز)، اهدای جوایز ورزشی.

دهه ۱۳۲۰ شمسی، منزل احمد و ملک عرفان، سید علی اکبر ابرقوئی (سردبیر روزنامه عرفان) نفر سمت چپ، جلسه مطبوعاتی به مناسبت بازدید نماینده مطبوعاتی مصر در اصفهان.

دهه ۱۳۲۰ شمسی، منزل احمد و ملک عرفان، نفر سوم از سمت راست: میهن خواه (مدیر روزنامه ستاره اصفهان)، نفر چهارم: بانو ملک عرفان، نفر پنجم: امیرقلی امینی (مدیر روزنامه اصفهان) و نفر ایستاده: احمد عرفان، جلسه مطبوعاتی. (تنها این افراد در عکس شناخته می شوند.)

بانو ملک عرفان، مدیر روزنامه عرفان پس از درگذشت احمد عرفان.

بین سالهای ۱۳۲۰ تا ۱۳۳۰، پرورشگاه، ردیف اول نشسته، نفر چهارم از سمت راست: بانو حوری زند (همسر استاندار ابوالقاسم امینی)، نفر اول از چپ: بانو مهین فیلسوف، ردیف ایستاده از سمت راست: بانوان انور مسعود، اختر مسعود، فخری نوربخش، توران قهرمان، ملک عرفان (رییس انجمن)، شوکت اردلان و مهین قهرمان، جلسه انجمن خیریه بانوان. (تنها این افراد در عکس شناخته می شوند.)

دهه ۱۳۲۰ شمسی، دبیرستان بهشت آیین، ردیف اول نشسته از سمت راست: فخری نوربخش (دبیر)، خانم آیدین (مدیر انگلیسی دبیرستان)، شوکت اردلان (دبیر)، ملک عرفان (دبیر)، خانم ایزاک (معاون دبیرستان)، ردیف ایستاده: دانش آموزان کلاس، جمعی از دبیران و دانش آموزان.

بین سالهای۱۲۹۰ تا ۱۳۱۰ شمسی، کالج S.M.C، ردیف اول نشسته نفر سوم از سمت راست با کلاه پهلوی: میرزا داوود خان آرین (پدربزرگ مادری نویسنده و معاون ایرانی کالج)، نفر دوم نشسته از سمت راست: عبدالمسیح آرین (دانش آموز)، نفر سوم، احمد عرفان (دبیر ادبیات)، دبیران کالج. (تنها این افراد در عکس شناخته می شوند.)

بین سالهای ۱۳۲۰ تا ۱۳۳۰ شمسی، در استانداری اصفهان برخی با لباس تاکسیدو، نفر دوم از سمت چپ: احمد عرفان، مراسم رسمی. (تنها این افراد در عکس شناخته می‌شوند.)

بین سالهای ۱۳۲۰ تا ۱۳۳۰ شمسی، خارج از شهر، احمد عرفان به اتفاق عبدالحسین سپنتا، شرکت در مراسم رسمی.

سال ۱۳۹۷، بیمارستان DCH، سمت چپ میز دکتر بهرام عرفان و در سمت راست خانم ریمندی قرار دارند، جشن نوروز.

احمد عرفان، موسس و مدیر روزنامه عرفان.

شادروان محمدعلی مکرم، شاعر مبارز با خرافات و موسس روزنامه مکرم.

عرفان

حفظ الصحه

رباعی

شرح زندگانی شعرای ایران

از ۱۰۰۹ ـ ۹۰۶ هجری ۱۳

بهأالدین آملی

وفات او (۱۰۳۵ هجری)

طالب آملی

وفاتش (۱۰۳۶ هجری)

سال ۱۳۰۸ شمسی، تصویر صفحه‌ای از روزنامه عرفان در سالهای اولیه انتشار.

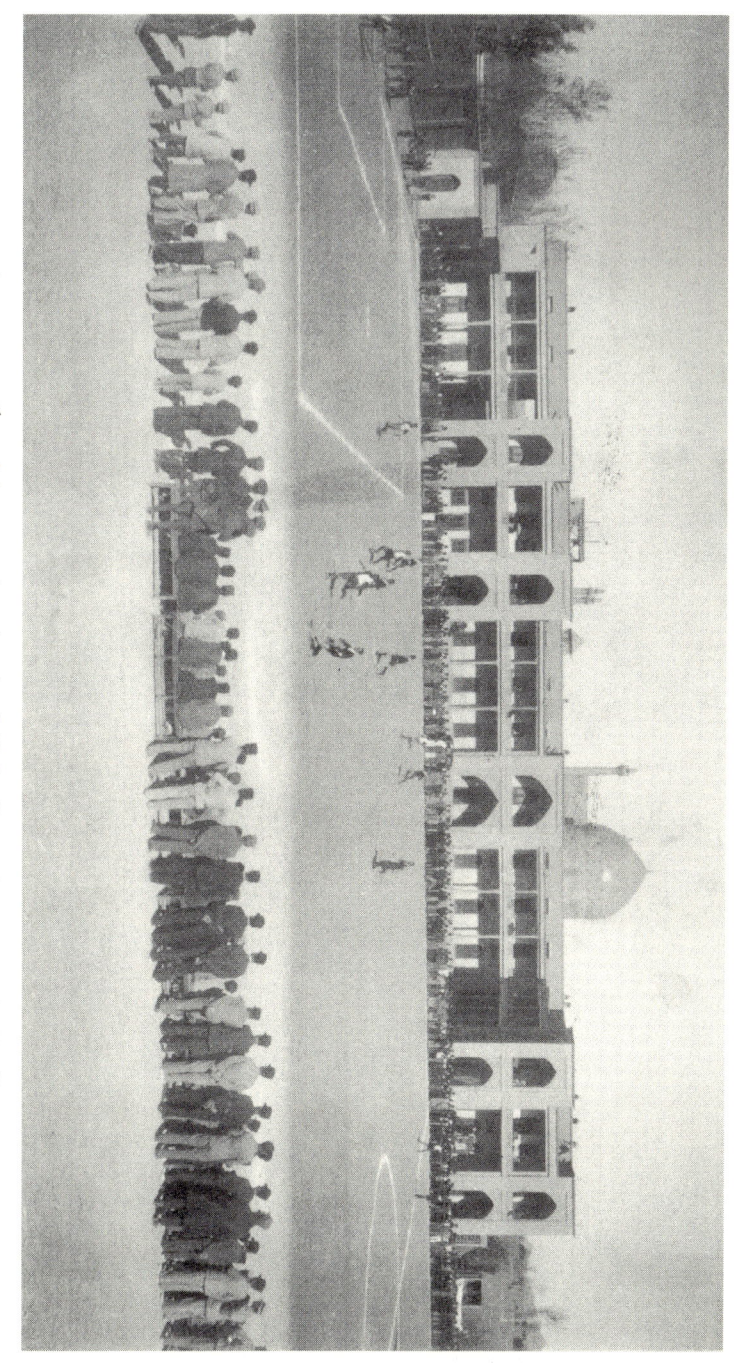

سال ۱۲۹۱ شمسی، میدان فوتبال S.M.C. ساختمان شبانه روزی کالج و گنبد مسجد شاه
در پشت نمایان است. بیشتر تماشاکنندگان با کلاه پهلوی هستند.

دهه ۳۰ شمسی، نفر سوم از سمت راست: بانو ملک عرفان، بانوان اصفهان در یک مراسم رسمی.

اعضای هیئت مؤسس، هیئت امنا و هیئت مدیره انجمن خیریه حمایت از بیماران کلیوی مشهد در سال ۱۳۶۷ در آغاز تأسیس انجمن، ایستاده از راست: دکتر ناصر شکیبی، دکتر علی اکبر شمسیان، دکتر هاشم رهنما، دکتر محمد تقی شاکری، دکتر سید علی عطاران.

سال ۱۳۰۷ شمسی، عکس ازدواج احمد و ملک عرفان.

۱۴ بهمن ۱۳۲۹ شمسی، منزل احمد و ملک عرفان، نفر اول نشسته از سمت راست: احمد عرفان، نفر دوم: استاد عباس غالب مصطفوی اصفهانی (نماینده فرهنگی مصر)، نفر اول ایستاده از سمت چپ: میهن‌خواه (مدیر روزنامه ستاره اصفهان)، مجلس ضیافت مطبوعاتی به مناسبت نماینده فرهنگی مصر. (تنها این افراد در عکس شناخته می‌شوند.)

سال ۱۳۳۴ شمسی، بیمارستان پهلوی تهران، نفر سوم نشسته از سمت راست: استاد عزیزی، نفر چهارم نشسته از سمت راست: سرپرست پرستاران. ردیف ایستاده (انترن‌ها): از سمت راست، نفر اول: دکتر یغمایی، نفر سوم: دکتر امیر آتش، نفر پنجم: دکتر بهرام عرفان، نفر ششم: دکتر عطارد مجتبایی، استادان و انترن‌های بخش داخلی. (تنها این افراد در عکس شناخته می‌شوند.)

فصل دوم: زندگی در آمریکا

در سال ۱۹۵۵ میلادی در سن بیست و چهار سالگی پس از ترک ایران کهن و از بین مردمی که هزاران سال در صحنه تاریخ و تمدن جهان نقش مهمی اجرا کرده‌اند به دنیای جدید آمدم. کشوری که از عمرش بیش از دویست سال نمی‌گذشت. اکنون که به نگارش این وجیزه می‌پردازم شصت و دو سال از آن زمان گذشته است. اگرچه زمان گذشته ولی عشق به زادگاه، عشق به تاریخ مردمی که بیش از سه هزار سال پیش با کوروش کبیر بزرگترین امپراطوری تاریخ را به وجود آوردند در سینه‌ام زنده و پا بر جاست.

آمریکا به «بوته مخلوطی» مشهور است که در آن مردم مختلف با قیافه و رنگ‌های مختلف، ادیان، مسالک و ملیت‌های گوناگون در این بوته بهم می‌پیوندند. اگر چه تفاوت‌های آنان می‌تواند موجب تصادم فکری و نظری و گاهی هم برخورد و تشنج باشد، ولی از آنجا که قانون اساسی آزادی کلام و حقوق بشر را تأمین می‌کند، در نهایت از طریق تبادل افکار و پذیرش آراء اختلافات حل و فصل می‌شود. اهمیت آزادی افکار، تضمین حقوق بشر و فراهم آمدن امکان شرکت مردم در سرنوشت خود، از جوانی بر من آشکار بود و تنها کمبودم که پیوسته آرزو می‌کردم زندگی در اجتماعی بود که این حقوق را تضمین

کند. در آن زمان دولت آمریکا به علت کمبود پزشک برای ترغیب اطباء خارجی ویزایی بنام exchange visitor ایجاد کرد تا بتوانند تحصیلات و تجربیات پزشکی را در بیمارستان‌های تصویب شده ادامه دهند.

با اخذ پذیرش برای دوره انترنی از بیمارستان شهری «کوئینسی» در ایالت ماساچوست که از نواحی جنوبی شهر بوستن بود به اتفاق دوست و همکلاسی مرحومم دکتر ناصرعلی ضیاء با هواپیما وارد نیویورک شدیم. چون تا زمان حرکت با اتوبوس به سمت «کوئینسی» چند ساعت فرصت بود قدم زنان به Times Square (میدان تایمز) رفتم. آن عظمت و شکوه و جلالی که در تصور داشتم ندیدم. آن میدان سه راهی تنها هم‌طراز میدانی در تهران بود. چه بسا قدرت تخیّل می‌تواند حقایق را به‌گونه دیگری جلوه‌گر سازد.

شهرت این میدان وابسته به اتفاقات و برنامه‌هایی است که در آن انجام می‌شود.

اولین تجربه غذایی من آشنایی با Hotdog بود که در آن زمان در ایران مورد استفاده نبود. فروشنده آن دکان یک مرد ترک بود و با تجربه مکرر به علت نزدیکی به مرکز شرکت اتوبوسرانی «گری هوند» Greyhound مهاجرین خارجی را تشخیص می‌داد. او طرز تهیه هات‌داگ را با اضافه کردن ادویه و چاشنی برایم توضیح داد.

در ضمن سخن، از امکانات پیشرفت در آمریکا صحبت کرد.

شرح زندگی شخصی و تجربیات پزشکی من هدف این نوشته نیست و از این پس تنها به تجربیات اجتماعی و نتایجی که از آن کسب کرده‌ام می‌پردازم.

در نخستین روز کار مرا به دفتر رئیس بیمارستان هدایت کردند، مرد خوش برخورد و مردم شناسی بود. پس از تبادل تعارفات معمول پرسید چه پرسشی از او دارم.

چون در ایران گذرنامه از طرف اداره پلیس صادر می‌شد از او پرسیدم چگونه ورود خود را به اداره پلیس گزارش دهم. با تعجب از این سؤال من گفت مگر شما مشکل پلیسی دارید؟ حقیقت این است که پس از ورود به آمریکا تنها موظف به تمدید ویزا در تاریخ‌های معین هستید و می‌توانید آزادانه به همه ایالات مسافرت کنید.

عدم دخالت پلیس و عوامل دولتی در زندگی روزانه مردم برای من که تنها برخوردم با نیروهای انتظامی برای بازگویی یا دخالت در مشاجرات بود جلب توجه می‌کرد. پلیس هر شهری طبق مقررات آن شهر و قانون اساسی انجام وظیفه می‌کند و در اجرای وظایف قانونی در موارد لزوم به هر شهروندی کمک می‌کند. در همان روزهای اول مشاهده کردم که پلیس شهر مشغول تعویض طایر پنچر اتومبیل یک

بانوی سالمند بود. ریاست پلیس هر شهر انتخابی است و پاسخگوی شهردار انتخابی آن شهر است. پلیس در آمریکا بیشتر در حوادثی که مربوط به اختلافات نژادی است مورد تهمت قرار می‌گیرد ولی به ندرت در محاکم محلی مجرم شناخته می‌شود.

افسران پلیس تنها گروهی هستند که در جامعه با یونیفرم آشکارند و هیچ گروه دیگری (افسران ارتش) در ملاءعام با لباس رسمی نظامی پدیدار نمی‌شوند و در زندگی روزمره و بهره‌گیری از مزایای اجتماعی با دیگران برابرند.

کارهای غیرقانونی پلیس می‌تواند از طرف شاکی یا شاکیان در محاکم رسمی مورد پیگرد قرار گیرد و طبق قوانین مورد قضاوت دادگاه قرار خواهد گرفت. گرچه دادگاه‌ها کمتر پلیس را مجرم می‌شناسند ولی وجود چنین قدرتی برای مردم عادی خود از نگرانی برخورد با نیروی انتظامی می‌کاهد.

می‌توان گفت که اکثر مردم چنین اجتماعی، نیروی پلیس را برای حفاظت از قانون و کمک به هنگام نیاز می‌شناسند.

تفاوت هوای خشک شهرهای اصفهان و تهران و شیراز که من در آنها زندگی کردم با ایالات شرقی آمریکا در اولین برخورد محسوس است. وفور باران و سرسبزی طبیعی این سرزمین شگفت انگیز است.

از خشکی و خاک خبری نیست ولی در این هوای مرطوب عطر گلها آن خوشبویی سحر آمیز گل‌های اصفهان را ندارد.

در اینجا نیازی به دسترسی به ذخایر آبهای زیر زمینی نیست. از آبهای ذخیره باران و یا رودخانه پس از تصفیه در اکثر مساکن استفاده می‌شود.

در سال ۱۳۳۰ هنوز لوله کشی و تصفیه آب در تهران و شهرهای دیگر انجام نگرفته بود. در اصفهان از چاه آب استفاده می‌شد و در تهران آب آشامیدنی بوسیله گاری‌های اسبی در اختیار مردم قرار می‌گرفت.

وفور نعمت، ارزانی خوراک و پوشاک و تعدد انواع مواد مورد نیاز امروزی بشر در آمریکا بر اکثر ممالک دنیا فزونی دارد. از این رو مردم آمریکا از منابع طبیعی، غذایی و انرژی دنیا بیش از دیگران سود می‌برند و در مواردی این استفاده به مرحله افراط و اتلاف می‌رسد. مقایسه توان اقتصادی ایران و آمریکا به علت گستردگی موضوع، در این نوشته امکان ندارد و اختلافات جغرافیایی منابع طبیعی و پیشرفت‌های سریع تکنولوژی و صنعتی نباید مورد مقایسه قرار گیرد. از طریق تفحص و برداشت و تجربه یک انسان، تفاوت اصلی جوامع بشری در وجود و یا عدم رعایت حقوق بشری است. بزرگترین افتخار ما ایرانیان اینست که نیاکان ما نخستین پایه‌گزاران اصول حقوق بشر بوده‌اند. اولین فرمان

حقوق انسانی را به استناد تاریخ در دو هزار و پانصد سال پیش کوروش کبیر فرمانروای بزرگترین امپراطوری تاریخ صادر کرد.

آزادی دین و تسهیل بازگشت کلیمیان به اورشلیم به دستور شاهنشاه هخامنشی در تورات ستایش شده است.

کوروش[۲] به نیازمندی‌های یکسان انسانها پی برده بود و می‌دانست که همه افراد بشر محتاج خوراک، پوشاک، مسکن و آزادی دین و سنت و امن و امان هستند. به همین جهت از فرمانروایی او بیم نداشتند و همه به او پیوستند. شگفتی در این است که چگونه این افکار پیشرفته دموکراتیک در یک پادشاه به وجود آمد اگرچه از نظر تاریخی اعتقادات دینی و فلسفی او آشکار نیست ولی شاید ناشی از آموزه‌های دینی رهبر برجسته دیگر تاریخ ایران، زرتشت باشد. دستورات دینی او در این سه عبارت خلاصه می‌شود:

پندار نیک، گفتار نیک، کردار نیک

[۲] میراث هخامنشی‌ها برای تاریخ ایران پرمایه، عظیم و خاطره انگیز بود. شیوه‌ی حکومت آنها نمونهٔ کاملترین امپراطوری منسجم در دنیای شرق تلقی شد. این امپراطوری نه تنها از لحاظ وسعت، بلکه از جهت تشکیلات هم در دنیای آن عصر بی سابقه بود. اوّلین تجربه‌ای بود که نشان داد می‌توان تعداد بسیاری از اقوام عالم را تحت قدرت و لوای واحد درآورد و برای تمام آن اقوام هم حقوق و امتیازات مساوی با مسئولیت مشترک تأمین کرد. (عبدالحسین زرّین‌کوب، روزگاران، ۱۳۰).

آیا انسان به بیش از این سه دستور برای استقرار جامعه‌ای استوار، پایدار، مفرح و امن نیازمند است؟

بعد از منشور کوروش مهمترین گامی که برای تضمین حقوق بشر برداشته شد در انگلستان بود که فرمانی به نام مگناکارتا Magna Carta در ماه جون سال ۱۲۱۵ میلادی از طرف سلطان وقت کینگ جان King John صادر شد. دلیل صدور این حکم از سوی فرمانروایی که قدرتهای خود را محدود می‌کرد، نارضایتی‌های کلیسا و مردم از تسلط کامل سلطنت در همه شئون و امور مردم بود.

پس از تسخیر انگلیس در سال ۱۰۶۶ میلادی ویلیام اول William the Conqueror فرمانی صادر کرد که تمام حقوق قانونی مردم در اختیار سلطان بود. این قدرت کامل سالها موجب نارضایتی و برخورد کلیسا و مردم با سلطنت بود. این برخوردها دویست سال ادامه داشت تا سلطان وقت از ترس جنگ داخلی و شورش در سال ۱۲۱۵ میلادی مگناکارتا را پذیرفت و با تأیید پاپ Pope Honorius I به امضاء رسید. بر طبق این قانون سلطان تابع قوانین مدنی است.

از آن زمان مگنا کارتا نمونه‌ای برای ایجاد قوانین حقوق بشر بوده و از جمله اساس قوانین حقوق بشر در انگلیس و آمریکا است.

ده بند اول قانون اساسی ایالات متحده آمریکا حقوق بشر را تضمین می‌کند. شرح کامل این بندها از ظرفیت این نوشته خارج است ولی به تشریح چند ماده که از نظر نگارنده برای رفاه و استقلال در زندگی برای هر اجتماعی لازم است می‌پردازم:

قانون اساسی ایالات متحده در سال ۱۷۸۹ میلادی نگاشته شد. پس از دو سال بر ده بند اولیه مواد اصلاحی افزوده شد که قوانین حقوق بشر را تشکیل می‌دهد.

بند ۱- منع قوانینی برای ایجاد دین رسمی مملکت. حق آزادی دینی، آزادی گفتار، آزادی مطبوعات، آزادی اجتماعات به صورت مسالمت آمیز، حق دادخواهی از حکومت برای شکایت و خسارت.

بند ۴- حقوق مردم برای حفاظت شخصی مسکن و دارایی شخصی از تفتیش غیر قانونی.

قوانین اصلاحی قانون اساسی آمریکا باید از تصویب دو سوم قانون‌گزاران همه ایالات بگذرد به این دلیل انجام آن آسان نیست اگر چه یکی از پایه گزاران قانون اساسی آمریکا تامس جفرسن بر این عقیده بود که قوانین باید هر چند سال بررسی و بر حسب شرایط زمان اصلاح گردد ولی تاکنون این‌کار انجام نشده‌است.

پس از جنگ جهانی دوم سازمان ملل بوجود آمد تا وسیله‌ای برای حل اختلافات ممالک به طور مسالمت آمیز باشد و راه جنگ وخونریزی بسته شود. کشور ایران یکی از نخستین بنیان‌گزاران این سازمان جهانی بود. اگرچه تمام اعضاء می‌توانند در جلسات عمومی رأی بدهند ولی نیروی مجریه این سازمان شورای امنیت در تصرف تنها پنج عضو اصلی سازمان است. اگرچه احکام سازمان ملل در رفع اختلافات موثر واقع نشده است ولی در حل بسیاری از اختلافات از جدال و خونریزی پیش‌گیری کرده است. در بحبوحه جنگ جهانی دوم چنانچه قبلا اشاره رفت نیروی متفقین ایران را اشغال کردند. تهران و استانهای جنوبی منطقه نفوذ انگلیس و امریکا و استانهای شمالی آذربایجان تحت اشغال سربازان شوروی بود اشغال نظامی ایران برای حمل وسایل جنگی از خلیج فارس به روسیه شوروی بود تا نیازمندیهای نظامی آن را تأمین کند. بدین دلیل ایران پل پیروزی متفقین خوانده شد.

پس از پایان جنگ جهانی دوم نیروهای آمریکا و انگلیس ایران را ترک کردند ولی نیروی نظامی شوروی علیرغم بهره‌گیری کامل از ایران در جنگ، بجا ماندند و با تشکیل فرقه دموکرات به رهبری پیشه‌وری یک حکومت خود مختار در آذربایجان تشکیل دادند در نتیجه اقدامات

آمریکا در سازمان ملل نیروی نظامی شوروی ایران را ترک کردند و حکومت فرقه دموکرات به پایان رسید.

در ۲۴ اکتبر ۱۹۴۵ میلادی کمیته حقوق بشر سازمان ملل متحد به ریاست الینور روزولت همسر رئیس جمهور آمریکا تشکیل و اصول سی‌گانه حقوق بشر در مجمع عمومی سازمان مطرح و به تصویب رسید. شرح کامل این اصول سی‌گانه از حوصله این نوشته خارج است ولی به چند مورد آن اشاره می‌کنم.

ماده سوم- حق حیات، آزادی و امنیت شخصی

ماده پنجم- هیچکس نباید در معرض شکنجه قرار گیرد

ماده ششم- همه در مقابل قانون یکسان هستند

ماده نهم- هیچکس نباید بدون دلیل دستگیر، توقیف و یا تبعید شود

ماده یازدهم- اصل برائت. همه بی گناهند مگر اینکه بوسیله دادگاه صالحه مجرم شناخته شوند

ماده سیزدهم- آزادی سفر

در قانون اساسی آمریکا مواد ده گانه اصلاحی اولیه قوانین حقوق بشر را تشکیل می‌دهند.

شایسته است که به دو ماده از مواد آن که از دیدگاه نگارنده برای زندگی در هر مکان و در بین هر جامعه و مردمی ضروری است اشاره رود.

ماده اصلاحی اول- ممنوعیت شناخت دین رسمی از طرف دولت.

آزادی بیان، آزادی مطبوعات، آزادی اجتماعات مسالمت آمیز و حق ارائه عرض حال به دولت برای جبران خسارت

ماده اصلاحی چهارم- امنیت فرد در مکان و امنیت اموال. امنیت از تفتیش بدون دلیل

مصونیت در مقابل تجاوز افراد یا حکومت و حق دفاع از خود از طریق محاکم قانونی موهبتی از قوانین حقوق بشر است که هر انسانی باید از آن برخوردار شود. جای تأسف است که دسترسی به این حق ویژه برای همگان میسر نیست. اعیان و ثروتمندان با انتخاب مشاورین زبردست و آگاه از حقوق خود دفاع می‌کنند.

در دنیای نوین (آمریکا) جرایم سوءاستفاده میلیون‌ها دلاری از طرف مسئولین دولتی با پرداخت جریمه مالی حل و فصل می‌شود ولی مجرمی که اندکی ماری جوانا داشته به زندان می‌رود.

تبعیض در اجرای قوانین بشر در همه جوامع پدیدار است و اگرچه همه در مقابل قانون یکسانند ولی باید گفت آنانکه قوی‌ترند بی گناه‌ترند.

آزادی بیان و نشریات آزاد، رادیو، تلویزیون، اینترنت و فضای مجازی جزء لایتجزای دموکراسی است. از این رو حکومت‌های دیکتاتوری برای استقرار قدرت مطلق، آزادی را به عناوین مختلف تعطیل می‌نمایند.

رعایت و تأمین حقوق بشر باید رکن غیر قابل تغییر قوانین حکومت باشد تا شهروندان بتوانند از موهبت الهی آزادی بهره‌مند شوند. از این رو تفحص در انواع حکومت جوامع امری ضروری است. تفکیک انواع حکومت‌ها با توجه به جنبه‌های گوناگون حقوقی، سیاسی و اقتصادی کار آسانی نیست زیرا هر یک می‌تواند با دیگری دارای وجوه مشترک باشد. برای شروع تحقیق و سهولت درک نظام حکومت‌ها می‌توان آنها را به شش گروه تقسیم کرد.

دموکراسی- مونارکی (سلطنتی)- دیکتاتوری (آتوکراسی)- کمونیستی- تئوکراسی- اولیگارشی.

اول- دموکراسی- اساس حکومت دموکراسی بر انتخاب همه اعضای حکومت و با رأی اکثریت از سوی مردم با حق یک رأی برای هر

شهروند است تا حکومت مردم بر مردم به وجود آید. نظام دموکراسی به اشکال گوناگون در اکثر دول پیشرفته جهان رایج است.

می‌توان گفت که بزرگترین موهبت ناگفته دموکراسی اینست که با ارائه یک رأی، شهروند قادر است در انتخاب آنان که بر او حکومت می‌کنند شرکت کند. در این نظام پذیرفتن نتیجه انتخابات اگرچه بر وفق مراد نباشد ضروری است. محدودیت دوران منتخبین از ایجاد حکومت‌های دیکتاتوری جلوگیری می‌کند.

دوم- مونارکی (پادشاهی)- این نوع حکومت به دو دسته تقسیم می‌شود:

پادشاهی مطلقه که در آن شاه قدرت مطلق است و پس از او فرزندانش به این مقام می‌رسند و حکومت موروثی است مثل عربستان سعودی و برونئی.

پادشاهی دموکراتیک- در این نوع سلطنت پادشاه یا ملکه در اجرای حکومت دخالت ندارند و نخست وزیر و مجلس ارکان حکومتند مانند بریتانیا، نروژ، هلند، ژاپن. متصدیان این حکومتها بر اساس اصول دموکراسی با رأی مردم انتخاب می‌شوند.

سوم- دیکتاتوری یا اتوکراسی- حکومت در دست یک نفر یا یک گروه است. این پدیده بیشتر پس از انقلاب‌ها به وجود می‌آید مثل حکومت نازی هیتلر.

چهارم- کمونیستی- در این زمان حکومت کمونیستی واقعی مانند دوران گذشته اتحاد شوروی، چین و کوبا وجود ندارد و اکثر این رژیم‌ها از نظر اقتصادی به مردم آزادی بیشتر داده‌اند زیرا در یک رژیم کمونیستی فرد حق مالکیت ندارد و همه چیز به دولت و همگان تعلق دارد.

پنجم- تئوکراسی یا حکومت دینی- در این نوع حکومت قوانین براساس اصول دینی اجرا می‌شود و از آنجا که قوانین احکام الهی محسوب می‌شود فرمانروای این حکومت دارای قدرت مطلق است دستورات او خلل پذیر نیست.

این حکومت‌ها اکثراً مانند یک نوع حکومت الیگارشی در اختیار عده معدودی از مردم قرار می‌گیرد.

ششم- اولیگارشی- حکومت تعداد کمی بر اکثریت مردم است. این پدیده گاهگاه در برخی از حکومت‌های دموکراتیک هم رخنه می‌کند.

اکثر کشورهای امروزی دنیا از یک یا مخلوطی از این روش‌ها پیروی می‌کنند.

در سیستم فدرال طبق قانون اساسی قدرت حکومت به دو دسته، حکومت عمومی (فدرال) و حکومت‌های دیگر تقسیم می‌شود. از جمله از وظایف حکومت فدرال مرکزی تأمین امنیت (دفاع) و تعیین مقدار و اخذ مالیات، اخذ وام خارجی، وضع قوانین تجارت، راه سازی و ایجاد دادگاه‌های محلی است. نمایندگان مجالس دولت مرکزی از هر ایالت طبق مقررات قانون اساسی انتخاب می‌شوند. رئیس جمهور (پرزیدنت) با رأی مستقیم همه مردم ایالات انتخاب می‌شود.

قانون اساسی آمریکا حکومت مرکزی فدرال انتخاب رئیس جمهور و معاون او را به دو مرحله تقسیم می‌کند. مرحله اول مردم هر ایالت نمایندگان الکترال کالج را انتخاب می‌کنند. پس از آن نمایندگان در یک جلسه برای انتخاب رئیس جمهور و معاون رأی می‌دهند.

هدف این انتخابات این بود که قدرت ایالات کم جمعیت هم تأمین گردد. بحث درباره دلایل ایجاد این نوع انتخابات از حوصله این وجیزه خارج است.

در دوران زندگی در آمریکا دو بار شاهد انتخاب رئیس جمهور با اقلیت آراء عمومی کشور بوده‌ام.

اکثر مردم آمریکا از انتخاب رئیس جمهور جدید (ترامپ) در ۲۰۱۷ میلادی خشنود نیستند این واقعه نتیجه تضادهای سیاسی و تزلزل در

هیأت حاکمه بود. اکثریت هر دو مجلس نمایندگان و سنا وابسته به حزب جمهور خواه با همه اقدامات و برنامه‌های اوباما رئیس جمهور سابق مخالفت می‌کردند و در نتیجه پیشرفت آشکاری در امور مملکتی مشاهده نشد.

تبلیغات منفی که در سیستم انتخابات آمریکا وجود دارد عامل مؤثری در تخریب افکار عمومی می‌باشد.

سوءاستفاده از آزادی مطبوعات و تلویزیون و رادیو افکار و عقاید توده مردم را مسموم می‌کند و قوانینی برای مهار این قدرت بی نهایت در دست نیست. کمک‌های مالی سیاسی به کاندیداها و اطاله مدّت مبارزات انتخاباتی نامزدهای سیاسی عامل اصلی خدشه در انتخابات می‌باشند. ممالک اروپایی با محدود کردن طول مبارزات انتخاباتی و محدودکردن کمک‌های مالی به نامزدان از نفوذ بیکران پول در سیاست جلوگیری می‌کند. متأسّفانه تصویب چنین قوانینی از طرف نمایندگانی که خود مورد پشتیبانی مالی گزاف سیاسی قرارگرفته‌اند امکان پذیر نیست. این تشنجات سیاسی را مردم در یک حکومت دموکراسی بهتر تحمل می‌کنند زیرا تغییر روش با انتخابات بعدی امکان پذیر است. من خود شاهد چندین انتخابات متشنج و مبارزات شدید سیاسی و سرنگونی دولت‌ها در آمریکا بوده‌ام اما این انتخابات با رأی اکثریت مردم در انتخابات دوره‌ای ترمیم و یا حل می‌شود.

پذیرش نتیجه انتخابات، حل مسائل و تعدیل اصول سیاسی و اجتماعی با مذاکره و تضارب افکار و آراء امکان پذیر است و تنها با آزادی بیان و نشریات آزاد تحقق می‌یابد. تضمین حقوق بشر رکن اساسی چنین اجتماعی است. به گفته وینستون چرچیل نخست وزیر انگلیس در دوران جنگ جهانی دوم «حکومت دموکراسی کامل نیست ولی اکنون حکومتی بهتر از آن وجود ندارد.»

ناگفته نماند که یک حکومت دموکراسی کامل مستلزم آگاهی توده مردم از مسائل سیاسی و اجتماعی و اقتصادی زمان است. در بیشتر جوامع جهان چنین مردمی اکثریت ندارند. آموزش شرکت در حکومت آزاد باید از دوران کودکی و نوجوانی آغاز گردد. جنبش و گرایش به آزادی پدیده تازه‌ای است که در قرن بیستم بنیان گرفت. اکثر حکومت‌های گذشته با چهره‌های گوناگون حکومت‌های دیکتاتوری بودند. اگر چه در جوامع انسانی افکار دموکراتیک با وضع شوراهای محلی به صور مختلف وجود داشته ولی همواره قدرت نهایی در اختیار یک فرد بوده است. نخستین انوار آزادی جدید در یونان با تشکیل شورای سنا ظاهر شد.

در اینجا باز باید به مشهورترین فرمانروای ایرانی در تاریخ ایران کهن کوروش بزرگ اشاره کرد. به درستی می‌توان گفت کوروش بنیانگزار شیوه حکومت دموکراسی و حفظ آزادی و حقوق بشر در

حاکمیت بود. اعتقاد به آزادی فکر و دین و آداب و رسوم مردم در روش حکومت کوروش بزرگ بنیان گرفت. این طرز فکر در اکثر حاکمان وجود ندارد. قدرت طلبی و حفظ قدرت و منافع طرفداران، حکومت را به الیگارشی، حاکمیت اقلیت بر اکثریت تبدیل می‌کند.

با مطالعه تاریخ ایران و اروپا در دوران تحصیل تفاوت نظام‌های حکومتی در اروپا و خاورمیانه و گسترش دموکراسی در اروپا و فقدان آن در عربستان، ایران و سوریه مرا به جستجوی دلایل این تفاوت واداشت. از خود می‌پرسیدم چرا؟ پادشاهان پاک نیّتی مانند رضاشاه و محمدرضا شاه ملت ایران را برای حکومت دمکراسی واقعی آماده نکردند. از خود می‌پرسیدم چرا؟ استانداران اصفهان از تهران و از سوی حکومت مرکزی منصوب می‌شوند در حالی که انتخاب استانداران و حاکمان از سوی مردم می‌توانست گامی بزرگ در ترویج دموکراسی و شرکت مردم در مدار سرنوشت خود باشد، با شرکت مردم در انتخاب فرمانروایانشان، آنان حکومت را از خود می‌دانند و از آن احساس بیگانگی نمی‌کنند.

نظام‌های دیکتاتوری برای حفظ قدرت آزادی بیان و آزادی مطبوعات را منع کرده و از سرکوبی انتقادات عقاید و افکار مخالف ممانعت نمی‌کنند. مردمی که در جوامع دیکتاتوری زیسته و با اجحافات

آن خو گرفته‌اند مانند زندانیانی هستند که پس از دوران طولانی حبس به زندگی مقرر خو گرفته و از آزادی و مسئولیت شخصی می‌هراسند.

تغییر ناگهانی این رژیم‌ها بدون جنگ و خونریزی امکان پذیر نیست. تغییر صلح جویانه نیاز به فرمانروایان آزاد اندیش دارد که منافع همگان را بر منافع شخصی و کوتاه مدت خود ترجیح دهند. آتاتورک رئیس‌جمهور گذشته ترکیه را می‌توان در این شمار آورد.

آبراهام لینکلن حکومت آمریکا را «حکومت مردم برای مردم» خوانده است. این عبارت از ترجمه انگلیسی کتاب مقدس در سال ۱۳۸۴ میلادی سرچشمه گرفته است.

اکنون که به نگارش این نوشته می‌پردازم آمریکا گرفتار بحران سیاسی و حکومتی است. چنانکه اشاره رفت رئیس جمهور با اقلیت آراء انتخاب شد و تمام قدرت‌های حکومتی را حزب جمهوری خواه در دست دارد. قوانین مجلسین با اکثریت نسبی از طرف آنان تصویب می‌گردد. رئیس‌جمهور اقداماتش مورد حمله مخالفان است چون ترامپ تجربیاتی در مجالس قانون‌گزاری و مدیریت‌های حکومتی ندارد گرایشی عجیب به دیکتاتوری دارد و از تمجید دیکتاتورها پرهیز نمی‌کند (از جمله پوتین رئیس جمهور روسیه) گروهی از نمایندگان مجلس و برخی از مطبوعات پیشنهاد استیضاح ترامپ را به علت نادانی و عدم شایستگی ریاست جمهوری داده‌اند. نیکسون رئیس جمهور

اسبق هم با مخالفت شدید و اتهام سوءاستفاده از قدرت رئیس جمهوری مجبور به استعفا شد. یکی از محاسن اصلی سیستم حکومتی در آمریکا این است که بر اساس قانون اساسی قوای مقننه، مجریه و قضاییه از هم مجزا و بطور کامل مستقل هستند.

بنابراین رئیس جمهور نمی‌تواند از آزادی مطبوعات جلوگیری کند و مورد بازجویی قانونی قرار نگیرد. آزادی دین و اعتقاد از ارکان بارز حقوق بشر است. آمریکا بهترین نمونه فواید آزادی است زیرا جامعه آمریکا بیش از هر جامعه دیگر از نژادها و ملیت‌ها و ادیان گوناگون تشکیل گردیده است. آمار ادیان گوناگون که در این سرزمین پرستش می‌شود بر حسب آخرین شمار سازمان عمومی تحقیقات دینی از این قرار است:

مسیحیان (مذاهب مختلف) ─────────── ۴۳ درصد

کلیمی ─────────────────────── ۲ درصد

مسلمان ────────────────────── ۱ درصد

خدا ناپرست

اعتقاد به خداوند نه به ادیان ─────── ۲۴ درصد

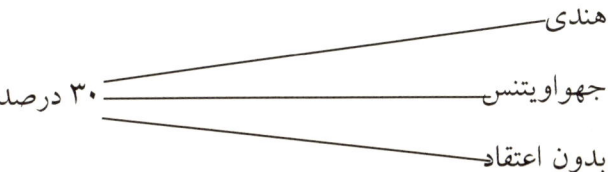

هندی
جهواویتنس ــــ ۳۰ درصد
بدون اعتقاد

آزادی ادیان در آمریکا از اصطکاک و برخوردهای دینی و عقیدتی جلوگیری می‌کند و حکومت مرکزی مسئول حفظ آزادی همه ادیان و عقاید است.

استفاده از تعصبات دینی منشاء بسیاری از تهاجمات و کشت و کشتارهای تاریخ از آیرلند تا میانمار بوده است.

این خونریزی و تهاجمات زاییده غرایز بشری است که برای کسب قدرت و برتری جویی و تملک زمین و مال و حتی خوی شهوت پرستی از اعمال هیچ گونه ظلم و ستمی پرهیز نمی‌کند.

هنری هشتم سلطان انگلیس به علت مخالفت پاپ با طلاق همسر او و ازدواج جدید، کلیسای کاتولیک را ترک کرد و دین جدید کلیسای انگلیس را به وجود آورد. کتاب مقدس جدید را پادشاه رومی کنستانتین با انتخاب روایاتی که مورد پسندش بود به رشته تحریر در آورد. قانون اساسی آمریکا در ماده اول اصلاحی جدایی دین و سیاست را تضمین می‌کند و اجازه برقراری دین رسمی در کشور را نمی‌دهد. با

اینکه به تحقیق، اکثریت با مسیحیان است ولی بارها کوشش‌های برخی از مسیحیان متعصب برای ترکیب قوانین دینی و قوانین مدنی از طرف دادگاه‌ها رد شده است.

برقراری نظام حکومت آمریکا و پیروی از آن در ممالک خاورمیانه در شرایط کنونی انجام پذیر نیست زیرا اعتقادات اجتماعی و مبانی سنتی این ممالک در طی قرون متمادی با حاکمیت فردی و دیکتاتوری خو گرفته است و تحولات سیاسی و اجتماعی بدون تشنج و جنگ و خونریزی امکان پذیر نمی‌باشد و چنانکه اشارت رفت باید از طریق دیکتاتوری پاک نیت به‌تدریج انجام پذیرد.

قوانین اساسی عربستان و ایران آنان را در ردیف حکومت‌های دینی قرار می‌دهد. می‌توان حکومت اسرائیل را نیز تا حدی از این جمله به‌شمار آورد.

قانون اساسی اندونزی، پر جمعیت‌ترین کشور مسلمان جهان براساس حکومت فدرال دموکراتیک است. این کشور از مجموعه‌ای از جزایر مختلف در آسیای شرقی تشکیل یافته و با جمعیت ۲۶۱ میلیونی بزرگترین کشور مسلمان دنیا است.

تفحصی در چگونگی تحول این کشور مسلمان به یک حکومت سکولار دموکراتیک و مشکلات اجتماعی و برخوردهای سیاسی در استحکام چنین رژیمی قابل توجه است.

تاریخ پرتلاطم سده گذشته حکومت اندونزی و استقرار نهایی حکومت فدرال دموکراتیک از هواخواهی و فداکاری بی پایان نیروهای آزادیخواه حکایت می‌کند. این جنبش در سال ۱۹۵۰ میلادی در دوران حکومت سوکارنو آغاز شد.

اندونزی از ۱۳۴۶ جزیره تشکیل یافته که ۹۲۲ جزیره آن بطورکامل مسکونی است. جاوه پرجمعیت‌ترین جزیره‌ای است که جمعیت آن به ده میلیون تخمین زده شده. پیش از جنگ جهانی دوم این جزایر مستعمرات دول مختلف ولی بیشتر مستعمرات هلند بودند. در آغاز جنگ جهانی دوم نیروهای ژاپن به سرعت این جزایر را تسخیر کردند و با ترغیب ژاپن نیروهای مسلح ملی به وجود آمدند. پس از شکست ژاپن به‌تدریج جزایر حکومت مرکزی ایجاد کردند و سوکارنو حکومت را به دست گرفت. احزاب و جمعیت‌های گوناگون ازجمله حزب کمونیست و نیروهای مسیحی و مسلمان هر یک برای کسب قدرت در این دوران فعالیت می‌کردند. پرزیدنت سوکارنو معتقد بود که حکومت دموکراتیک غربی در آن زمان قابل اجرا نبود. سوکارنو با کودتای نظامی

در سال ۱۹۶۰ میلادی پس از ۲۲ سال حکمرانی استعفا داد و سوهارتو به قدرت رسید.

سوهارتو به شدت با قدرت کمونیست‌ها جنگید و شرکت آنان را در مسئولیت‌های دولتی ممنوع کرد. از سال ۱۹۶۶ میلادی سوهارتو با شعار «روش نو» تغییراتی در حکومت ایجاد کرد و حکومت دیکتاتوری او برای ۳۲ سال ادامه یافت. پس از تشنجات و برخوردهای نیروی نظامی با مردم آزادیخواه و استعفای سوهارتو از ریاست جمهوری قانون اساسی جدید اندونزی در سال ۲۰۰۲ میلادی به تصویب رسید که شباهت زیادی به قانون اساسی آمریکا دارد. این قانون بر اساس تفکیک قوای مقننه، مجریه و قضاییه نگارش یافته و به هرکدام در حد قابل توجهی استقلال داده است.

دوره ریاست جمهوری و معاون او به دو دوره ۵ ساله محدود است و با رأی مستقیم مردم انتخاب می‌شوند در این پر جمعیت‌ترین کشور اسلامی دنیا قانون اساسی آزادی ادیان را تضمین می‌کند اما این آزادی کامل نیست و تنها ۶ مذهب اسلام، مسیحیت (کاتولیک و پروتستان) هندویی، کنفسیوسی را به رسمیت می‌شناسد و اعتقاد به خدا ناپرستی را قبول نمی‌کند. بزرگترین اقلیت دیانت مسیحی (ده میلیون) است ولی انتصاب و انتخابات به سمت‌های دولتی به هیچ دینی منحصر نیست و

برای مثال در انتخابات جدید فرمانداری جاکارتا بازوکی یک مسیحی چینی تبار انتخاب شد.

استانها دارای استقلال داخلی هستند و می‌توانند برای استان خود قانون گزاری کنند مثلا چون خوردن گوشت خوک در اسلام حرام است نواحی مسیحی نشین مجبور به پیروی از این قانون نیستند.

یکی از وقایع شگفت انگیز در این کشور مسلمان پذیرش رسمی کیش بهایی در زمره ادیان رسمی بود.

وزیر امور دینی برطبق قانون اساسی در تاریخ ۲۶ ژوئن ۲۰۱۴ کیش بهایی را به ادیان رسمی اضافه کرد این تصمیم به‌دلیل ازدیاد پیروان آن در اندونزی انجام گرفت.

اولین انتخابات آزاد در اکتبر ۲۰۱۴ میلادی پس از دو مرحله انتخابی اجرا شد و رئیس جمهور جدید Joko و دولتش برای مدت ۵ سال انتخاب شدند ایجاد حکومت آزاد دموکراتیک در اندونزی مستلزم ۶۰ سال پایداری نیروهای آزادیخواه بود در این دوران تشنجات سیاسی و برخوردهای بسیاری روی داد ولی اکنون با استقرار دموکراسی و حل مسائل و اختلافات از طریق انتخابات نیازی به برخوردهای نظامی نمی‌باشد.

مردم ایران در طول تاریخ از دموکراسی برخوردار نبوده‌اند، سرنوشت آنان بستگی به صلاحیت و نیک اندیشی یا بد اندیشی فرمانروایان داشته است. در دوران قاجاریه حکومت به یک نظام آنارشی تبدیل شد. حکومت مرکزی به‌تدریج تضعیف و ایلات و عشایر در مناطق مختلف خودمختار بودند. پس از انقلاب مشروطیت که با فداکاری و جانفشانی هزاران ایرانی موفق گردید، ولی با مرگ مظفرالدین شاه و سلطنت محمدعلی شاه دوره استبداد صغیر آغاز و از سال ۱۲۸۵ تا ۱۲۸۸ شمسی مشروطیت تعطیل شد، مردم بزرگ ایران در تبریز و گیلان و بختیاری شورش کردند و پیروزمندانه به تهران آمدند و استبداد را شکست دادند و فرزندش احمد شاه را که کودک بود به سلطنت برگزیدند. در این دوران بنا به علل گوناگون منجمله وضعیت اقتصادی و کسری بودجه و قدرت گرفتن عشایر و ایلات و ضعف دولت مرکزی مرد مقتدری از قوای نظامی به نام رضاخان میرپنج با انجام کودتای ۱۲۹۹ با عنوان سردار سپه به قدرت رسید. پس از مسافرت دوم احمدشاه به اروپا از نهم ۱۳۰۴ خورشیدی احمدشاه از سلطنت خلع و با تصویب مجلس مؤسسان، سلطنت به رضاشاه پهلوی واگذار شد. دوران نوجوانی من در این سالها در اصفهان گذشت. بزرگترین خدمت رضاشاه ایجاد حکومت مرکزی مقتدر و برچیدن بساط ملوک‌الطوایفی و استقرار حکومت قانون و تشکیل مؤسسات

دولتی بود. قانون اساسی نوع حکومت را پادشاهی مشروطه معین کرد ولی قانون‌گزاری از طرف مجلس شورای ملی بود. انتخاب نمایندگان با نظر و تأیید حکومت مرکزی انجام می‌گرفت. در اوان مشروطیّت از آنجا که توده مردم بی سواد و با امور جهانی و مملکتی آشنایی نداشتند افراد شایسته‌تری با همکاری دولت مرکزی و دخالت آن در انتخابات واجد این مقامات می‌شدند. همانطور که در پیش اشارت رفت انتخابات دو مرحله‌ای ریاست جمهوری آمریکا در دویست و اندی سال قبل نیز با چنین تصوری طراحی و شکل گرفته است.

امروز نیز گروهی به عدم آمادگی ملت ایران برای ایجاد حکومت دموکراسی اعتقاد دارند. این عقیده در آنها که صاحب قدرتند قوی‌تر است، امّا اگر هدف اصلی ما رسیدن به دموکراسی است باید گام‌های ابتدایی برداشته شود.

ایجاد حکومت فدرال شبیه به حکومت‌های آمریکا و اندونزی برای مردم ایران که از اقوام مختلف تشکیل یافته‌اند نظام مناسبی است.

حکومت‌های محلی (ایالتی و ولایتی) با قوانین محلی و با رأی آزاد شهروندان انتخاب می‌شوند ولی همه قوانین باید در چهارچوب قانون اساسی کشور باشد. دولت مرکزی مسئول حفظ امنیت، اخذ مالیات و وضع قوانین جدید در چهارچوب قانون اساسی کشور است.

در این نوع حکومت مردم با شرکت در انتخاب نمایندگان خود بر اساس رأی همگان به قدرت خود در مشارکت در امور پی می‌برند و برای تعدیل یا تغییر قوانین منتظر انتخابات آینده هستند و از مناقشات و برخوردهای فیزیکی می‌پرهیزند. آزادی بیان، نشریات و دیگر قوانین حقوق بشر از ارکان چنین حکومتی است.

یکی از مزایای زندگی در حومه واشنگتن تماس با شهروندانی است که از اقصی نقاط عالم در این دیار سکنی گزیده‌اند. شصت و اندی سال است که در این محیط به طبابت و جراحی اشتغال داشته‌ام، از اینرو با روحیات، اعتقادات و افکار عده کثیری از مردم با ملیت‌ها و ادیان و نظریات گوناگون از نزدیک آشنایی پیدا کردم.

با همه تفاوت‌های ظاهری، تمام افراد بشر بافته یک رشته‌اند، نیازمندی به کسب خوراک و مسکن و پوشاک در همه یکسان است. این نیازمندی‌ها برای تنازع بقا در انسان اولیه هم لازم بود. با گذشت زمان و تکامل تدریجی مغز و فکر انسان و غریزه بی پایان کنجکاوی او دنیای جدیدی به وجود آمده که ما مزیت زندگی در آن را داریم. حل معمای وجود و این که از کجا آمده و به کجا می‌رویم هنوز مشکلی است که به آسانی پاسخی ندارد و از اینرو پدیدآورنده عقاید و افکار گوناگون است. گفته شاعر که:

همه هستند سرگردان چو پرگار
پدید آرنده خود را طلبکار

بیان شیرین چنین سرگردانی است.

خیّام، ستاره شناس، ریاضی دان و شاعر عالیقدر ایران در این باب می‌گوید:

دوری که در او آمدن و رفتن ماست
او را نه بدایت نه نهایت پیداست
کس می‌نزند دمی در این معنی راست
کاین آمدن از کجا و رفتن به کجاست

پیامبران گذشته به این پرسش‌ها با اعتقاداتی که بر اساس تخیّل یا وحی آنان است پاسخ داده‌اند.

انسان ابتدا برای مقابله با حملات بی امان طبیعت مانند سیل، زلزله، خشکسالی و بیماری از روی عجز و ناتوانی به خدایی خود ساخته برای این نیروهای طبیعی توسل می‌جست و به تدریج یگانگی آفریننده را پذیرفت.

در این جمع گفته پیامبر اسلام که می‌گوید: «**لم یلد و لم یولد**»، خداوند نزاد و زاده نشد از همه سنجیده‌تر است.

قدرت ادراک بشر بسیار محدود است و مربوط به حواس پنج‌گانه او است. به غیر از آنچه در طبیعت وجود دارد دیگر چیزها بوسیله بشر ساخته شده است. از این رو برداشت ما اینست که طبیعت هم سازنده‌ای دارد که او را خدا می‌نامیم.

در دورانی که پیامبران گذشته اعتقادات دینی خود را ترویج می‌کردند اطلاعات آنان بسی محدود بود و بسیاری از تصورات و تفکرات آنان با کشفیات علمی امروز مطابقت نمی‌کند.

از این رو است که چون بسیاری از اعتقادات دینی را در مباحثه با شرایط علمی مورد بحث قرار دهید نمایندگان ادیان ابراهیمی متذکر می‌گردند که دین از علم جدا است و تنها متکی به اعتقادات شخصی ما است.

بدین طریق چون اعتقادات دینی بر اساس علم و دلیل نیست باید ادیان و عقاید دینی تحمیلی نباشد و مردم در پیروی از ادیان و عقاید دینی آزاد باشند. آیا اگر افراد بشر ادیان و اعتقادات خود را تنها طریق شناسایی خدا بدانند در حقیقت مداخله در فرمان ایزدی نکرده‌اند؟

این طرز تفکر زاییده خودخواهی و غریزه مالکیت شخصی است و اساس مناقشات و جنگ و خونریزی بین مذاهب در طول تاریخ بوده

است. سوءاستفاده از دین برای منافع اقتصادی و یا برای کسب قدرت و مال و منال در تاریخ بشر شواهد فراوان دارد.

جدایی حکومت از دین در کشورهای دموکراتیک اروپایی پدیده‌ای است نوین که از چند سده پیش رواج یافته و زاییده واکنش مردم به زجر، فقر و اختلافات طبقاتی رایج در حکومت‌های استبدادی است.

آنگاه که مردمی برای سالیان دراز زیر سلطه حکومت‌های دیکتاتوری زندگی کرده و با اصول آن خو گرفته باشند از قدرت خود برای شرکت در سرنوشتشان بی خبرند و پیروی از فرمان‌های سلطان و یا فرمانروا را لایتغیر می‌پندارند. پیشرفت سریع افکار و عقاید و کشفیات علمی و انتشار آن با اختراع اینترنت و دسترسی آسان و سریع به آن برای ساکنین کره زمین چون چشمه گوارا و لایزالی است که تشنگان آزادی را سیراب می‌کند.

گسترش حکومت‌های دموکراتیک به انواع گوناگون در اقصی نقاط عالم جبر واقعی تاریخ است. هر کشوری می‌تواند بر حسب نیازمندی‌های خود نوعی از حکومت‌های دموکراتیک را انتخاب کند. همانطور که اشاره رفته این مسیر راهی طولانی است و به گذشت زمان و آگاهی شهروندان نیاز دارد.

آمریکا هم هنوز به مرحله نهایی دموکراسی نرسیده است تا آنکه قانون انتخابات فدرال از دو مرحله‌ای به یک مرحله تبدیل گردد یعنی یک رأی برای یک نفر. در صفحات گذشته به دلایل ایجاد این سیستم انتخاباتی از سوی بنیان گزاران قانون اساسی آمریکا اشاره رفته است.

برای من که در دو سیستم حکومتی متفاوت زندگی کرده‌ام مهمترین مزیت نظام دموکراسی شناسایی حقوق بشر بر اساس قانون اساسی است.

محدودیت دوران حکومت نیز تغییر حکومت را بر اساس آراء مردم و تغییر شرایط روز تضمین می‌کند. برای ایران، آن روز که شرایط اجتماعی آماده شود برقراری یک حکومت فدرال مناسب به‌نظر می‌رسد.

در کشور پهناور ایران عشایر و طوایف و اقوام گوناگون با گویش‌های محلی متفاوت و نیازهای مختلف زندگی می‌کنند، لذا ایجاد حکومت‌های استانی با اختیارات محدود به قانون اساسی (فدرال) و تحت حکومت مرکزی مناسب است.

از آنجا که از برداشت‌های خود از مقایسه دو محیط زندگی آگاهی دارم در هر فرصتی سعی دارم با نظرات دیگران آشنایی پیدا کنم

از دوست ایرانیم که در گذشته بارها به آمریکا سفر کرده است خواستم نکات و یا تجربیات خوب و بد خود را در اولین برخورد با آمریکا بیان کند، او شیوه رانندگی و رعایت قوانین از طرف رانندگان را از تجربیات خوب و وفور اسلحه و دسترسی آسان شهروندان به آن را ازجمله شرایط ناپسند تلقی نمود.

بررسی تاریخی ماده ۲ اصلاحی قانون اساسی آمریکا که بر طبق آن مردم می‌توانند مسلح باشند قابل توجیه و تفسیر است این خود یک نمونه از سوءاستفاده از آزادی‌ها است. این قانون دویست و اندی سال پیش در صدر ایجاد حکومت مستقل آمریکا تحت ماده ۲ اصلاحی ایجاد شد. در آن دوران حکومت مرکزی هنوز در مراحل تشکیل بود نیروهای نظامی بصورت کامل شکل نگرفته بود وهنوز برای حفظ قدرت حکومت مرکزی و امنیت کشور به نیروی (ملی غیر نظامی) نیاز بود. متن قانون می‌گوید «از آنجا که وجود یک نیروی ملی (غیر نظامی) برای حفظ مملکت مورد نیاز است شهروندان حق دارند مسلح باشند» در آن زمان تفنگ باروتی حربه روز بود.

در سال ۱۹۳۲ میلادی دادگاه عالی قانون را بدین گونه تفسیر کرد که چون این قانون مبنی بر وجود نیروی ملی است لذا قانون به افراد اجازه مسلح شدن نمی‌دهد. این تفسیر ازطرف دادگاه عالی در سال

۲۰۰۲ مجدد مورد تفسیر قرار گرفت و این بار دادگاه برطبق همین قانون مسلح شدن افراد را قانونی دانست.

این بار اکثریت اعضای دادگاه منصوبین جمهوری خواهان بودند و با ۵ رأی موافق برابر ۴ رأی مخالف به تصویب رسید.

جمعیت طرفداران تفنگ که با حمایت و قدرت مالی اسلحه سازان تشکیل شده و قدرت سیاسی آن مربوط به نفوذ فراوان در نمایندگان مجالس دوگانه است با اینکه اکثر مردم آمریکا با قوانین مهار کننده دسترسی به اسلحه موافقت دارند مجلسین آمریکا هیچ تصمیمی در این مورد نمی‌گیرند. این امر ناشی از سوءاستفاده از قوانین و اهدای کمک‌های مالی شرکت‌ها تحت عنوان نفقه انتخاباتی است آزادی‌هایی که از آنها برخلاف مصالح عمومی استفاده می‌شود و این ناشی از نظام اقتصاد کاپیتالیستی است که بهبود رفاه عمومی در آن مورد توجه تام قرار نمی‌گیرد.

از مضار آن که بگذریم، حکومت‌های ناقض دموکراسی، بر حکومت‌های دیکتاتوری ترجیح دارد زیرا به علت محدود بودن دوران حکومت و تجدید انتخابات همواره تغییر در دسترس رأی دهندگان می‌باشد.

در این زمان که مشغول نگارش این نوشته‌ام آمریکا در حال گذراندن دوران تشنج شدید و اختلافات سیاسی است که سابقه تاریخی نداشته است. رئیس جمهور جدید (پرزیدنت ترامپ) بدون هیچ پیشینه سیاسی، حکومتی، قضایی و اداری به قدرت رسیده است. ندانم کاری و گرایش او به روش دیکتاتوری در تاریخ آمریکا بی سابقه است.

اما آزادی بیان مصرح در قانون اساسی آمریکا به مخالفین اجازه می‌دهد که آشکارا از اقدامات خلاف او در جراید، برنامه‌های رادیویی و تلویزیونی و یا در رویدادهای عمومی انتقاد کنند. این نقدها حتّی در برنامه‌های طنز تلویزیونی بصورت گسترده انجام می‌گیرد.

نیروهای مخالف خود را برای شرکت فعال در انتخابات کنگره و ریاست جمهوری آماده می‌سازند و نتیجه این جنبش در انتخابات محلی و انتخابات کنگره برای کرسی‌های خالی نمایندگانی که بنا بر عللی مستعفی شده و در این زمان انجام گرفته کاملاً محسوس است.

نظام‌های دیکتاتوری از اختلافات سیاسی در حکومت‌های دموکراسی انتقاد می‌کنند ولی قدرت انجام کار در نظام‌های دیکتاتوری را تمجید می‌نمایند.

پیش از پایان آخرین تصحیح این نوشته، دو اتّفاق تکان دهنده در سیاست و امور قضایی در ماه نوامبر اتفاق افتاد که درستی فواید سیستم دموکراسی را که در صفحات گذشته به آن اشاره رفت آشکارا تأیید می‌کند:

۱- در انتخابات میان دوره‌ای ششم ماه نوامبر حزب دموکرات ۴۰ نماینده بر تعداد نمایندگان خود در مجلس قانونگذاری افزود و بدین ترتیب اکثریت آرا را به دست آورد. این پدیده از نارضایتی اکثریت مردم، به ویژه زنان از چگونگی رفتار و سیاست‌های (ترامپ) رئیس جمهور ناشی می‌شود.

طرفداری آمریکا از سیاست و روش کار ولیعهد جوان سعودی و همکاری نظامی با اعمال غیر انسانی با مردم بی گناه و کودکان یمن مورد اعتراض شدید بسیاری از نمایندگان و سناتورهای کنگره آمریکا است. بدون تردید این مخالفت‌ها موجب تغییر و یا ترمیم سیاست آمریکا با عربستان سعودی خواهد شد.

۲- در یکی از مصاحبه‌های مطبوعاتی کاخ سفید پرسش‌های مکرّر یکی از خبرنگاران از (ترامپ) رئیس جمهور مورد پسند او قرار نگرفت و پس از پایان مصاحبه کاخ سفید پروانه خبرنگاری او در کاخ سفید را لغو کرد. سی.ان.ان (CNN) این دستور را غیر قانونی شناخت و شکایت به دادگاه برد. قاضی هم به نفع مدعی (سی.ان.ان) رأی داد و کاخ سفید

پروانه خبرنگار را بدون تأخیر تجدید کرد. این دو اتّفاق از فواید سیستم دموکراسی حکایت می‌کند:

۱- شهروندان می‌توانند با شرکت در انتخابات مسیر حکومت را ترمیم و یا تغییر دهند.

۲- قانون برای همه یکسان است و حاکمان نیز می‌توانند مورد بازپرسی قانونی قرار گیرند و باید احکام دادگاه را بدون تردید و تأخیر بپذیرند و از این رو جدایی قوای قضایی و مجریه و استقلال کامل آنها برای حکومت دموکراسی ضرورت دارد.

اختلافات سیاسی، نیروی محرّک دموکراسی است و ترمیم یا تغییر روش‌های حکومت با مشارکت شهروندان در انتخابات دوره‌ای و بوسیله صندوق آرا انجام پذیر است. در یک حکومت دنیوی خیالی «ایده‌آل»، افراد بشر به جنگ و کشتار نیازی ندارند و می‌توانند با تبادل افکار و آرا اختلاف عقیده‌های اقتصادی، ایمانی را با تساهل حل و فصل کنند. این شیوه موجب آسایش روحی روانی و اجتماعی و سعادت و خوشبختی همگانی خواهد شد. غرایز حیوانی، خودپرستی، حس مالکیت و برتری جویی در نهاد و فطرت بشر وجود دارد. پیامبران همواره انسان را به نیکی و حمایت دیگران ترغیب کرده‌اند. دستور سه گانه زرتشت «پندار نیک، گفتار نیک، کردار نیک» ساده‌ترین

و کامل‌ترین دستور اخلاقی است که پیروی کامل از آن جامعه‌ای پیرو خرد و اخلاق و عاری از هر گونه خشونت به وجود می‌آورد.

اکثر مردم جهان پیرو یکی از ادیان ابراهیمی و یا شرقی (بودایی، هندو) هستند اما شگفت انگیز است که پیروان این ادیان منادی صلح و همدردی، از گذشته تا حال به جنگ و خونریزی و قتل و تجاوز به دیگران پرداخته‌اند. چون ایجاد یک حکومت ایده‌آل (مدینه فاضله) امکان پذیر نیست باید ابتدا با توجه به غرایز بشری برای بهبود جوامع به علل اساسی پی برد و مبنای اختلافات فکری و اجتماعی را بررسی کرد و حتی‌الامکان بجای مبارزه با معلول به از بین بردن علت‌ها پرداخت.

آفرینش

معمای آفرینش که یکی از مسائل حل نشده انسان است به باور همه ادیان بزرگ این راز حل شده و هستی ساخته آفریننده است. این پاسخ سؤال دیگری تولید می‌کند که، خدا از کجا آمده است؟

عظمت کائنات و بی کرانی آن از اکتشافات جدید است و بر متفکّرین دیرین آشکار نبود. Astrophysicist ها نظریات متفاوتی درباره نحوه به وجود آمدن کائنات از نیستی به هستی ارائه داده‌اند.

استیون هاکینز و چندی دیگر معتقدند که از نیستی می‌تواند خود بخود هستی به وجود آید. درک استدلال‌های آنها که برپایه اصول ریاضی و فیزیکی بنیان شده ماورای ادراک نگارنده است.

بینش انسان که بسیار محدود است هر چیزی را ساخته یک سازنده می‌داند، از اینرو آفریننده کائنات را خدا می‌دانیم.

Astrophysicist ها شروع آفرینش را به انفجار شدید هسته‌ای که از ماده بسیار فشرده تشکیل شده می‌دانند که آن را تئوری «بیگ بنگ» یا انفجار بزرگ می‌خوانند.

پس از این انفجار ماده‌های منفجره در جو به صورت کره‌های متعددی در آمدند که تعداد آنها بی شمار است و زمین ما یکی از آنها است که به گرد خورشید خود می‌گردد و از شمار یکی از منظومه‌ها است. کرات دیگری هم در این منظومه (منظومه شمسی) قرار دارند که اکثراً کشف و نامگذاری شده‌اند. بر اساس اطلاعاتی که تا کنون به‌دست آمده تعداد منظومه‌ها بی‌شمار است. اکثر کراتی که از ترکیب جوی آنها اطلاع پیدا کرده‌ایم برای سکونت انسان مناسب نیست اما کرات دیگری که شرایط آن برای به وجود آمدن حیوانات و انسان مناسب باشد نمی‌توان انکار کرد.

درک عظمت کائنات برای انسان لازم است تا به کوچکی خود در برابر عالم هستی پی برده و به فروتنی خود خو گیرد. به گفته شاعر آمدن و رفتن آدمی در مقابل بزرگی وعظمت کائنات و وجود مثل «آمد مگسی پدید و نا پیدا شد» است.

هرچه بیشتر پیرامون مسائل آفرینش و هستی کنکاش کنیم به چیزی بیشتر از سروده سعدی دست نمی‌یابیم:

ای برتر از خیال و قیاس و گمان و وهم
وز هرچه گفته‌اند و شنیدیم و خوانده‌ایم
مجلس تمام گشت و به آخر رسید عمر
ما همچنان در اول وصف تو مانده‌ایم

ادیان و جوامع مختلف نیروی ابتدایی هستی را به صور گوناگون دیده و نامیده‌اند. اکثر ادیان ابراهیمی معتقدند که خداوند انسان را از ابتدا به شکل کنونی خلق کرده است. «فیکسیم‌ها» تحقیقات و کشفیات چارلز داروین را قبول ندارند. داروین اساس فرضیه خود را بر اساس «انتخاب طبیعی» و تکامل تدریجی نهاده است و معتقد است همه موجودات روی زمین از یک جدّ اولیه، موجود تک سلولی به وجود آمده و سپس به موجودات پر سلولی تکامل یافته‌اند و به این نتیجه رسیده که در اثر تکامل تدریجی در طی زمان به صورت انسان کنونی در آمده است. این نظریه تکامل (ترانسفورمیسم) مورد قبول اکثریت

دانشمندان آنتروپولوژی می‌باشد و در کتب درسی غالب کشورهای جهان درج شده و تدریس می‌شود. سالها بعد کشف DNA مهر تأییدی بود بر نظریه داروین.

اگر تمام فرضیات و حقایق علمی را بدانیم و بپذیریم باز معمای ماهیت خدا گشوده نخواهد شد. این نکته هویدا است که همه چیز در طبیعت بر اساس نظم و ترتیب و پیرو قوانین ثابت فیزیکی است. نظامی شاعر ایران می‌گوید:

بلی در طبع هر دانندهای هست
که با گردنده گردانندهای هست
از آن چرخی که گرداند زن پیر
اساس چرخ گردون را همین گیر

الهیون نظام طبیعت را دلیل وجود آفریننده دانا و عالم می‌دانند. این عقیده بیشتر به واقعیت نزدیک است ولی باز هم نمی‌تواند ماهیت او و یا آن را آشکار کند.

از آنجا که انسان، حیوان، زمین، آسمان، کرات و کائنات زاییده تنها قدرت یگانه‌ای است که ما او را خدا می‌نامیم و ستایش او تنها در انحصار و اختیار گروه‌های انسانی نیست، آنها که تنها خود را برگزیده خدا می‌دانند در حقیقت به خود قدرت خدایی می‌دهند.

تعصب در عقاید دینی و فلسفی سبب جمود فکری می‌گردد، از اینرو آزادی بیان و ابراز عقاید برای پیشرفت هر اجتماعی ضرورت دارد.

تأسف‌انگیز است که روحانیون مذاهب اغلب پیروان خود را از مطالعه و پژوهش در عقاید دیگران نهی می‌کنند و از این روش برای حفظ قدرت و منافع دنیوی، احزاب و جوامع سیاسی هم پیروی می‌کنند. تنها راه جلوگیری از تضاد دینی و اجتماعی و سیاسی، اجتناب از جنگ و خونریزی و مردم کشی این است که نظریات و افکار و عقاید دیگران را محترم بداریم.

پیروی از ایمان شخصی بدون بستگی به گروه دینی، ستایش خدا و یاری جویی از او در هر مکان و مسکنی امکان پذیر است و نیازی به واسطه ندارد. اقلیتی از اجتماعات اروپایی و شاید اجتماعات دیگر بدین منوال به هیچ سازمان دینی بستگی ندارند و در مراسم مذهبی آنان نیز شرکت نمی‌کنند. در جوامع ابتدایی و دوران جهالت بشر و عدم وجود قوانین اجتماعی امروزی آموزه‌های دینی برای هدایت مردم ضروری بود.

جوامع به تدریج بر اساس اعتقادات دینی از قوانینی که برای رفاه و عدالت و همزیستی لازم بود پیروی می‌کردند. اشتراک دین و حکومت در اکثر کشورهای جهان تا اواخر دو قرن گذشته ادامه داشت. چون

قوانین دینی گذشته جوابگوی نیازها و شرایط کنونی بشر نبود بسیاری از کشورهای پیشرفته و قدرتمند جهان به‌جای قوانین دینی از قوانین مدنی پیروی می‌کنند و در عین حال آزادی ادیان را هم محترم می‌شمارند.

استقلال دین از حکومت برای پایداری و حفظ و حرمت آن ضروری است زیرا بدین نحو از شکست‌ها، ناهنجاری‌ها و خلافکاری‌های حکومتی مصون می‌ماند. آفریدگار به روحانیون پاک سیرت نیروی تسلی بخش عطا می‌کند تا بتوانند مردمی را که در صحنه زندگی و تلاطم روزگار با سختی و ناامیدی روبرو شده‌اند به زندگی امیدوار کنند و از قدرت الهی که هدفش خوشبختی و سعادت بشر است آگاه سازند.

در این مسیر روحانیون و پزشکان اشتراک وظیفه دارند.

وجود یا عدم وجود روح بعد از مرگ و اعتقاد به جدایی از مغز و کالبد انسان قابل تحقیق علمی و استنباطی نیست زیرا وجود خارجی ندارد. بیماران و افرادی که ضربان قلبی آنها برای مدت کوتاهی قطع گردیده و با مداخله آنی طبی احیاء شده‌اند تجربه نزدیک فوت را با رؤیای گذشت از یک تونل نوری پیش از بازگشت به حیات تشریح می‌کنند. این تجربه را که بارها در این بیماران مشاهده کرده‌اند بعضی از متخصصین نتیجه کم خونی مغز هنگام حادثه می‌دانند. احساس قبلی

وقایع (حس ششم) premonition یا بدون اطلاع قبلی احساس اتفاقات یا خواب دیدن وقایع از راه دور وجود نیرویی خارج از بدن را ممکن می‌نماید.

تنها تجارب علمی در سالهای اخیر در باره ارتباط مغز با احساسات و اعتقادات دینی و خدایی انجام گرفته و همچنان مورد پژوهش است.

تشریح و تحقیق علمی فعالیت‌های مغزی در چند دهه اخیر با درک انفعالات شیمیایی آن و مشاهده تغییرات تشریحی با استفاده از دستگاه‌های MRI انجام یافته است. احساس شدید حالات روحانی در پیروان مؤمن دینی با اجرای مراسم دینی ایجاد می‌شود. سماع درویشان نیز از این گونه مراسم است که با انجام آن شرکت کنندگان به مرحله یگانگی و وحدت با خدا و یا طبیعت می‌رسند.

پژوهشگران دانشگاه یوتا با استفاده از دستگاه‌های MRI و مشاهده تغییرات مغزی هنگام ایجاد این احساسات در آنها بروز فعالیت در مراکز مغزی را مشاهده کرده‌اند. مراکز مشخصی در اوج ایجاد این احساسات به جنبش و فعالیت در می‌آیند. برخی این مراکز را مراکز خدایی نامیده‌اند.

انکار وجود روح و نیروهای جدا از کالبد با تجربه علمی امکان پذیر نیست. چنانکه شنیدن امواج صوتی خارج از شنوایی انسان قبل از اختراع رادیو قابل تصور نبود.

عده‌ای از فلاسفه و جامعه شناسان گذشته هم ایمان به اعتقادات دینی و زندگی پس از مرگ را برای مهار انسان از بدکاری و پرهیز از زشتی‌ها لازم می‌دانند. حکیم عمر خیّام نیشابوری فیلسوف، ستاره شناس، ریاضی‌دان و شاعر عالی مقام ایرانی که در زمان ملکشاه سلجوقی به اصلاح گاهشمار ایرانی مبادرت کرد دقیق‌ترین تقویم (هماهنگ با سال اعتدالی) جهان را تدوین کرد درمورد زندگی بعد از مرگ می‌گوید:

ای آنکه نتیجه چهار و هفتی
در هفت و چهار دائم اندر تفتی
می‌خور که هزاربار بیشت گفتم
بازآمدنت نیست چو رفتی رفتی

آیا زندگی انسان با آن همه وشی‌ها و ناگواری‌ها، دل بستن‌ها و دایی‌ها، فداکاری برای کسب علم و دانش و پرورش مغزی برای تکامل انسانی و تلاش برای درک ماهیت وجود و پیوستن به نور آفریننده با مرگ کالبد پایان یابد؟

علم و دین

چنان که در پیش اشارت رفت، اعتقادات و اوامر دینی با یافته‌های بشر در عصر حاضر و علوم کنونی مطابقت ندارد.

پس از اکتشافات کوپرنیک ۱۳۷۳-۱۵۴۳ میلادی و کشف مرکزیت خورشید در منظومه شمسی و کشفیات گالیله و انتشار آن در سال ۱۶۱۰ میلادی اختلافات کلیسا و علم شدت یافت. گالیله دستاوردهای خود را تحت عنوان: «پیام‌آور ستاره‌ای» منتشر ساخت و رابطه کره زمین با خورشید و خصوصاً حرکات آن را به ثبوت رساند. مرکزیت زمین در کائنات و مسطح بودن آن از اعتقادات دینی بود. در آن زمان کلیسا قدرت حکومتی هم داشت. گالیله را دوبار محاکمه کرد و او را ابتدا به اعدام و سپس با تعدیل حکم به زندان خانگی محکوم ساخت.

کشفیّات علمی دیگر در آن دوران که با اعتقادات قبلی و اوامر و نواهی دینی یا فرامین پادشاهان وقت سازگاری نداشت به تدریج موجد جنبش در اروپا گردید که آنرا دوران روشنگری می‌نامند. این دوران در قرن شانزدهم بنیان گرفت و تا قرن هفدهم و هجدهم میلادی ادامه داشت.

نیوتن در سال ۱۶۸۷ میلادی در انگلستان قوه جاذبه را کشف کرد و در فرانسه دکارت از پیشروان فلسفی این دوران بود.

رنه دکارت فیلسوف و فیزیسین فرانسوی به دوگانگی فهم و بدن اعتقاد داشت. یکی از سخنان ارزنده او این بود: «هستم چون فکر می‌کنم».

فلسفه عصر روشنگری یا بهتر بگویم عصر بیداری بر این اساس است که سعادت جامعه از طریق استدلال و حقایق علمی تحقق می‌یابد. پذیرفتن کورکورانه‌ی افکار و روش‌های گذشته بدون تحقیق در درستی آنها مانع پیشرفت و ترقی جامعه می‌گردد.

تردید در درستی افکار و روش‌های اجتماعی گذشته پسندیده و قابل قبول است زیرا بدون آن انگیزه تحقیق و تفحص علمی بیدار نمی‌شود.

بازیگران شاخص دوران روشنگری در قرون شانزده و هفده و هجدهم میلادی در جوامع گوناگون اروپا و آمریکا و عده قلیلی از ممالک دیگر ظهور کردند. فرانسیس بیکن و جان لاک از انگلستان، مونتسکیو نویسنده کتاب روح‌القوانین و ژان ژاک روسو از فرانسه، توماس پین و توماس جفرسن و بنیامین فرانکلین از جمله روشنگران آمریکا بودند.

ذکر نام تمام شخصیت‌های بارز عصر روشنگری در این نوشته امکان پذیر نیست. هنرمندان و موسیقیدانان مشهوری نیز با جنبش فکری و اجتماعی هم پیمان بودند. باخ از آن جمله است.

تفحّص در عقاید بنیان‌گزاران فلسفه عصر روشنگری

رساله‌های جان لاک (۱۶۳۲-۱۷۰۴) میلادی در مقام برگزیده‌ترین افکار ارزنده آن دوران است و پیروی از آن امروز نیز برای نیکبختی جوامع انسانی ضرورت دارد. لاک در دوران زندگی در انگلیس و اروپا با حکومت‌های دیکتاتوری و دخالت کلیسا در امور کشوری میانه نداشت. در رساله‌های خود شرایط تأمین حقوق انسانی در حکومت و ایجاد حکومت مردم بر مردم را پیشنهاد می‌کند که برای نگارنده شگفت انگیز است. پاره‌ای از نظرات و جملات و نوشته‌های او را عیناً در قانون اساسی آمریکا می‌توان دید.

تساوی حقوق همه افراد و اهمیت تفکیک قوای قضایی و اجرایی از جمله نظریات او است. توماس جفرسن، یکی از نویسندگان قانون اساسی آمریکا رساله لاک درباره حکومت را سه مرتبه خوانده بود. بدون تردید افکار لاک در عقاید بنیان‌گزاران استقلال آمریکا تأثیر گذار بوده است.

انقلاب استقلال آمریکا (۱۷۸۳-۱۷۷۵) میلادی قبل از انقلاب کبیر فرانسه (۱۷۹۹-۱۷۸۹) میلادی انجام گرفت ولی مورخین بیشتر انقلاب فرانسه را حاصل تأثیر پذیری از جنبش عصر روشنگری می‌دانند.

در تاریخ بشر حکومت‌های دیکتاتوری بر اساس مشارکت سلطنت با دین به وجود آمده است. فرمانروایان خود را نماینده خدا می‌دانسته‌اند و به ترویج دین مورد پسند خود پرداخته‌اند. چنان که در صفحات قبل اشاره رفت در چنین حکومت‌هایی اوامر فرمانروا را اوامر خدا می‌دانند، «چه فرمان یزدان چه فرمان شاه» و جایی برای تردید و سؤال باقی نمی‌گذارد و به این واسطه، امر ایشان امر الهی و واجب‌الاطاعه است.

مذاهب به تدریج مانند مؤسسات تجاری و احزاب سیاسی می‌شوند و وظیفه اصلی خود را فراموش می‌کنند از اینرو گروهی برای وحدت با پروردگار از پیوستن به ادیان متشکل تجارتی می‌پرهیزند.

دئیزم به وجود آفریننده‌ای معتقد است که از ابتدا قوانین خلقت را وضع نمود ولی در زندگی روزمره دخالتی ندارد تنها به دنیای فیزیکی و آنچه با تجربه حاصل می‌شود عقیده دارند و به وحی و معجزه بی اعتقادند.

بسیاری از شخصیت‌های معروف و سرشناس علمی و هنری دنیا از این زمره‌اند، برای مثال اسامی پاره‌ای از آنان از این قرار است:

ابوالعلا المعری (۱۰۵۸- ۹۷۳) میلادی، نویسنده، شاعر و فیلسوف نابینای عرب

آدام اسمیت (۱۷۹۰ - ۱۷۲۳) میلادی، فیلسوف، اقتصاد دان، پایه‌گزار علم اقتصاد جدید

بنجامین فرانکلین (۱۷۹۰ - ۱۷۰۶) میلادی، از پایه گزاران ایالات متحده امریکا، فیلسوف و دانشمند.

فردریک شیلر (۱۸۰۵ - ۱۷۵۹) میلادی شاعر و مورخ آلمانی

جرج واشنگتن (۱۷۹۹ - ۱۷۳۲) میلادی اولین رئیس جمهور امریکا

ژان لامارک (۱۸۲۹-۱۷۴۴) میلادی، طبیعی دان و یکی از پایه گزاران نظریه تکامل

ژول ورن (۱۹۰۵-۱۸۲۸) میلادی، نویسنده فرانسوی

لئوناردو داوینچی (۱۵۱۹-۱۴۵۲) میلادی، نقاش، مجسمه ساز، موسیقی دان و ریاضی دان ایتالیایی

ناپلئون بنا پارت (۱۸۲۱ - ۱۷۶۹) میلادی، امپراطور فرانسه

توماس ادیسون مخترع چراغ برق

ویکتور هوگو (۱۸۸۵ - ۱۸۰۲) میلادی، نویسنده فرانسوی خالق بینوایان

ولتر (۱۷۷۸ - ۱۸۹۴) میلادی، فیلسوف و نویسنده عصر روشنگری

روشنگری در خاورمیانه

مردم خاورمیانه درمسیر تاریخ، در ردیف اوّلین و شاید می‌توان گفت از پایه‌گزاران تفحصات علمی در رشته‌های ریاضی، پزشکی، شیمی و علوم جوّی بودند. از این‌رو خاورمیانه را مهد تولّد تمدّن بشری می‌دانند.

ممالک اروپائی تمدّن جدید را از طریق یونان اخذ کردند و در آنجا پایه گرفت. پس از آن در دورانی که خاورمیانه با نفاق ملت‌ها، اغتشاشات داخلی، جنگ‌های مذهبی و اعتقادات خرافی از علوم تجربی و مادی دوری جستند، مردم غرب به تجربیات و کشفیات علمی پرداختند. عصر روشنگری در اروپا و آمریکا با توسعه آزادی فکری و علمی و جدائی عقاید ایمانی و وحی از اصول و قوانین مدنی، مردم را از خفقان فکری رهایی داد. سرعت پیشرفت انسان در درک ماهیت طبیعت و شناخت اصول قوانین طبیعت در سنوات اخیر حیرت‌انگیز است.

در صد سال پیش انتقال صور و حرکات انسان‌ها از اقصی نقاط دنیا در صفحه تلویزیون قابل‌قبول نبود.

اکنون خواننده این نوشته می‌تواند مندرجات آن را از طریق اینترنت در کامپیوتر بخواند.

اینترنت وسیله‌ای است که در دسترس همگان است و دنیایی است که می تواند مبنای اطلاعات در همه جنبه های علمی، تاریخی، هنری، سیاسی، ادبی، و اخبار روزانه باشد. هدف جنبش روشنگری این است که انسان را از قبول بدون دلیل افکار و عقاید گذشته که بر پایه اصول دینی و وحی بنا شده آگاه کند و به انسان اجازه شک و تردید بدهد. زیرا اگر افکاری را که بر پایه اصول علمی و تجربی بنا نشده‌اند بپذیریم دیگر مجالی برای رشد و تعالی اندیشه بشر باقی نمی ماند.

کسب اطلاعات علمی موجب رفاه زندگی انسان از هر طریق و در هر مکان قابل تقدیر و ستایش است- پیامبر اسلام می گوید: «اطلبوا العلم ولو بالصین.» از این رو نباید از شعار غرب‌زدگی برای رد عقاید و افکار نوین و بستن دهان مردم استفاده‌کرد.

همچنان که مردم قدیم خاورمیانه (ایران) موجد فرهنگ و سبب انتقال و انتشار آن به مردم غرب و سایر نقاط جهان بوده اند، اکنون ما نباید از کشفیات و روش های سودمندانه علمی آنها پیروی نکنیم. تاریکی شب با نور چراغ برقی ادیسون یک مخترع آمریکایی روشن شد. هوای گرم تابستان را یک محقق آمریکایی ویلیام کریر با ساخت کولر (ایرکاندیشن) تعدیل و خنک کرد. اگر امروز یخچال که برای حفظ مواد خوراکی در اختیار بشر قرار دارد، مرهون اختراع یک مخترع

سیاه پوست آمریکایی به نام فردریک ماکلی می باشد. آیا برای جدایی از غرب نباید از این امکانات استفاده کنیم؟

شرح این نکته ابتدایی برای نویسنده دلپذیر نیست اما ابراز آن برای درک تضاد افکار گذشته با علوم و اکتشافات کنونی لازم است.

بزرگترین زیان تعصبات دینی این است که انسان را از برخورد با مطالعه نظریات و کشفیات دیگران گریزان می‌کند و چون سدّی است که از جریان و پیشروی علم و هنر جلوگیری می‌کند. آنها که نقاب گذشته و تنهابینی بر سر دارند از لذّت بینش و آشنایی با عظمت طبیعت که پروردگار در دسترس ما گذاشته بی‌خبرند.

ممالک خاورمیانه باید از جنبش روشنگری اروپا پیروی کنند و نویسندگان، فلاسفه، دانشمندان عالیقدری که از خود داریم پرچمدار و رهبر این جنبش باشند. غرور ملّی برای پیشرفت هر ملتی لازم است. در جوانی اگرچه از عدم آزادی کامل افکار و رعایت نکردن حقوق بشر در جامعه رنج می‌بردم ولی عشق به ملیّت و افتخار به تاریخ ایران کهن در نهادم جایگزین است. در سالهای اخیر به علت تبلیغات ضدّاسلامی و عدم تشخیص تفاوت ایران و اعراب در جامعه آمریکا، ایرانیان مورد خشم و غضب عوام قرار گرفته‌اند. این پدیده، به علاقه نویسنده و آشنایان ایرانی به فرهنگ ایران خدشه ای وارد نیاورده و همّت ما را

برای آشناکردن دیگران با سنّت و افکار مردم مهربان و مهماندوست ایران تشدید کرده‌است.

با همه تشنّجات سیاسی و تضاد افکار در این سرزمین که شهروندان آن از قبایل، ملّیت‌ها، افکار و ادیان مختلف در آن سکنی گزیده‌اند. به هنگام مصیبت‌های عمومی و جنگ‌های خارجی، حس ملّیّت تشدید می‌شود و برای موفقیت کشور هم‌پیمان می‌گردند. این پدیده را در جنگ‌هایی که در ۶۰ سال گذشته رخ داده‌است، مشاهده کرده‌ام.

تغییر مسیر در این روش‌ها هنگامی که با مخالفت مردم روبرو می شود، امکان‌پذیر است. جنگ ویتنام نمونه بارز این تصادف بود. اکنون نیز مخالفت با ادامه اقدامات نظامی آمریکا در افغانستان و خاورمیانه در آمریکا بنیان گرفته و مورد بحث وابراز عقاید در جراید و رسانه‌های همگانی است.

مردم ماهیت خود را از طریق ملیت می‌شناسند نه از طریق دین. در سازمان ملل تشخیص آنان براساس ملیت است نه ادیان. آمریکا نمونه بارزی از اهمیّت این تشخیص است. مسیحی، کلیمی، مسلمان، بودایی، هندی و خداناباوران در نیروهای نظامی آمریکا شرکت دارند و در مقابل قانون و ارتقاء درجه یکسانند.

خبرهای ایران

تاکنون مطالب این مقاله مربوط به خاطرات، مشاهدات و برداشتهای شخصی بوده‌است و چون برای ۶۲ سال از کشور مادری دور بوده‌ام، برداشتهایم بستگی به اطلاعات و اخباری است که مسافران از ایران آمده در دسترس می‌گذارند و منشاء اطلاعاتی که در آمریکا به‌دست می‌رسد از اخبار و نظریاتی است که به‌وسیله رادیو، تلویزیون و انتشارات انگلیسی یا فارسی کسب می‌شود.

مسافرین درباره پیشرفت‌های شهرسازی و تغییرات ساختمانی در اصفهان و تهران و مشهد و سایر شهرهای بزرگ هم عقیده‌اند ولی از آلودگی هوا و کم آبی شکایت می‌کنند. گرانی و کم درآمدی طبقات متوسط و پایین بسیار محسوس و به‌سختی قابل تحمل است. بسیاری از بی‌ثباتی اقتصادی و بی‌ارزشی ریال در برابر دلار و تنزل دائمی آن در برابر ارزهای خارجی هراسانند.

آلودگی هوا مشکلی است که در اکثر شهرهای پرجمیعت دنیا در نتیجه ازدیاد وسایل نقلیه که از سوخت‌های فسیلی (ماشین‌های انفجاری) استفاده می‌کند و بازمانده آن (دود ماشین) آلودگی سمی هوا را ایجاد می‌کند دست و پنجه نرم می‌کنند. ایجاد وسایل نقلیه عمومی (ترن الکتریکی) که در ژاپن و برخی از ممالک دیگر از آن استفاده می‌شود تا اندازه ای از شدت آلودگی هوا می‌کاهد. مشکل بی‌آبی و

خشکی بزرگترین مشکلی است که ایران با آن مواجه است و اگر درمانی برای آن اندیشیده نشود بسیاری از نقاط کشور به فلات‌های خشک و غیر قابل سکونت تبدیل می‌شوند.

حل مسایلی که به آنها اشاره رفت مخارجی است که لازمه آن تعدیل و تغییر بودجه کشور است تا انجام آن امکان پذیرگردد.

توسعه خرافات دینی و تولد امامزاده‌های جدید، اگر واقعیت داشته باشد از پدیده‌های اسف بار و باورنکردنی‌است. در قرنی که انسان برای کشف دنیاهای تازه به کرات دیگر سفر می‌کند انتظار شفا از امامزاده‌های واهی، هر انسان خردمندی را وادار به انکار می‌نماید.

در پایان این نوشته به واقعیت‌های سیاسی، اقتصادی و اجتماعی دنیای کنونی که از نگاه نویسنده قابل توجه است گذری می‌کنم.

ریشه اختلافات و یا ائتلافات و همبستگی ممالک دنیا براساس منافع اقتصادی است، و در نتیجه ممالکی که از نظر اقتصادی نیرومندترند از جنبه نظامی و قدرت جهانی تواناترند.

آمریکا اکنون بزرگترین نیروی اقتصادی و نظامی دنیاست. چین به سرعت شگفت‌آوری برای برابری با آن تلاش می‌کند، نیروی نظامی دیگری که از نظر برابری با نیروی اقتصادی آمریکا ضعیف‌تر است، روسیه است. این کشورها، ممالک ابرقدرت نامیده می‌شوند که برای

منافع اقتصادی جوامع خود در همه دنیا اعمال نفوذ می‌کنند. این اعمال نفوذ به دو طریق انجام می‌شود. در صورت لزوم با دخالت مستقیم نظامی مانند گذشته، یا براساس فشار اقتصادی انجام می‌گیرد.

چنانکه چندین بار اشاره رفت، نفت مهم‌ترین و در بعضی موارد تنها ماده تولید انرژی در جهان است و تا هنگامی که طریق دیگری برای ایجاد انرژی قابل استفاده عمومی کشف نشود، نیرویی است که ابرقدرتها به در اختیار داشتن منابع و کنترل قیمت آن نیاز کامل دارند. توجه این قدرت‌ها به خاورمیانه برای نگهداری و کنترل این «طلای سیاه» است.

تشکیل جمهوری آذربایجان از طرف اتحاد جماهیر شوروی و عدم خروج نظامی آنها از ایران بعد از جنگ جهانی دوم برای استخراج نفت شمال و دسترسی نهایی به آبهای گرم خلیج فارس بود (وصیت پطر کبیر). نیروهای غربی (آمریکا و انگلیس) برای حفظ قدرت خود از تمامیّت ارضی ایران دفاع کردند و بدین ترتیب جدایی آذربایجان از ایران به سرعت خاتمه‌یافت.

در میان این اختلافات نیروهای ابرقدرت جهانی ممالک کوچک‌تر برای حفظ استقلال ارضی و مدار اقتصادی هرکدام در حمایت یکی از ابرقدرت‌ها (نیروی چپ و راست) قرار دارند. به تدریج چین به صورت ابرقدرت دیگری در صحنه سیاست جهانی ظهور کرده و

نیروی سومی بین ابرقدرتهای دنیا خواهد بود. سیاست خارجی ایران برخلاف گذشته بیشتر متکی به هواخواهی روسیه و دوری از ممالک غربی است.

بهترین سیاست خارجی هر کشوری عدم وابستگی و احتراز از پیروی کورکورانه از قدرت های بیگانه است. بهترین مثال چنین حکومتی کشور سویس است اما کشور سویس فاقد منابع طبیعی است و از طریق بانکداری و حسابهای مخفی اشخاص و دولتها کسب درآمد می‌کند.

دخالت نظامی و کمک‌های مالی ایران در ممالک عربی (عراق، سوریه، یمن و لبنان) با طرفداری و حمایت روسیه انجام می‌گیرد. مهمترین و پرقدرت ترین کشور عربی (عربستان سعودی) با سیاست ایران مخالف است و این کشوری که زادگاه پیامبر اسلام است و نگهبانی خانه خدا را پادشاه آن در کارنامه خود دارد (خادم الحرمین الشریفین) به شدت برخلاف منافع ایران فعالیت می‌کند و پادشاه آن، کشور کهن و زادگاه کوروش بزرگ را به ماری تشبیه کرده و کوبیدن سر آن را به رییس جمهور آمریکا توصیه کرده‌است. اعراب ایرانیان را عجم یا «انسان بالکنت زبان» می‌خوانند. یکی از آن اعراب، صدام حسین بود که به هنگام تحول اجتماعی ایران و تصور ضعف کشور در آن زمان، به خاک مقدس میهن تعرّض کرده و نواحی جنوبی را اشغال

نمود. هزاران جوان سلحشور بی‌گناه، سرمایه گرانقیمت آینده ایران، برای بازگرفتن اراضی از دست رفته جان باختند. چندی پیش فلسطین، که مرهون بسیاری از کمک‌های نظامی و ملی ایران بوده‌است در یک جلسه کنفرانس اسلامی برخلاف ایران رأی داد.

دخالت نظامی و سیاسی در ممالک بیگانه برای منافع اقتصادی است. همه از آوارگی، فقر و فشار اقتصادی و نظامی اسرائیل بر مردم بی پناه فلسطین متنفرند ولی بگذارید برادران عرب آنها در عربستان و حاشیه خلیج فارس با سرمایه های بیکران نفتی از آنها دفاع کنند و به دردهای آنان مرهمی بگذارند.

چراغی که به خانه رواست به مسجد حرام است. ثروت مردم ایران به مردم ایران متعلّق است و باید برای بهبودی زندگانی و آسایش آنان هزینه شود. هنگامی که برادران ایرانی ما نیازمندند، بذل و بخشش سرمایه های آنان به سایر برادران دینی در اقصی نقاط عالم اشتباه است.

توجه به اینکه، پیروان مذهب شیعه تنها ده درصد پیروان سایر مذاهب اسلامی است. حفظ شیعه ایرانی در یک دریای نود درصدی سنّی مستلزم دوربینی و واقع بینی تاریخی است. هیچ سودی برای منافع ملی ایران از جانب دولت های عربی نه در حال حاضر و نه در آینده محتمل به نظر نمی‌رسد.

برای روشن شدن دیگران نیکو است که فرمانروایان به تشریح آن منافع بپردازند. اگر کشوری برای حفظ منافع به دخالت در امور ممالک دیگر نیازمند است برای انجام آن ابتدا باید به وضع داخلی کشور خود توجه کند تا نگویند:

خانه از پای بست ویران است
خواجه دربند نقش ایوان است

دنیای نوین به سرعت در حال پیشرفت و ترقّی علمی و اجتماعی است. اختراع اینترنت، افراد را در ارتباط دائمی با اخبار و نظریات و اکتشافات قرار داده‌است. دیگر ایجاد خفقان فکری و جلوگیری از آزادی و حس کنجکاوی انسان امکان‌پذیر نیست.

اختلافات و مناقشات میان مردم خاورمیانه که بیشتر از اختلاف در عقاید دینی سرچشمه می‌گیرد، مانع پیشرفت علمی، اقتصادی و اجتماعی می‌شود و آنها را نیازمند به دخالت نیروهای خارجی و ابرقدرت‌ها می‌نماید.

مردم خاورمیانه دارای منابع طبیعی فراوان و وارث آفرینندگان قدیمی‌ترین و شاید مؤثرترین تمدن‌های بشری هستند. باید اعتقادات و آداب و رسوم دیگران محترم شمرده شود. گذشته را به گذشته سپرد و به فکر امروز و فردا و فرداهای دیگر بود. خاورمیانه نیازمند به وجود

نیروهای خردمند و روشنگر و برقراری اصول حقوق بشر و ایجاد حکومت‌های دموکراسی است.

نقش مهم دین در این اجتماعات انکارپذیر نیست. اگر رهبران ادیان به تشریح و ترویج هدف‌های اصلی پیامبران که سعادت و خوشبختی نوع بشر بوده و به‌ذکر افکار نیک آنان بپردازند و از ذکر مصیبت ها و تکرار مکرر عداوت‌ها و وقایع اسف‌انگیز گذشته بپرهیزند، نیروی منفی را به افکار مثبت گرایش خواهند داد. اغلب قوانین شریعت با زندگی امروز بشر توافق ندارد و چون ایمان انتخاب شخصی انسان است و به اصول علمی متکی نیست، تحمل آن برای همگان از طریق قوانین مدنی موجب اصطکاک مردم با پیروان شریعت‌های دیگر می گردد. رهبران ادیان برای حفظ حرمت دین باید از دخالت دین در قوانین مدنی احترازکنند. از آنجا که براساس باور همه ادیان، خداوند خواهان خوشبختی و رفاه و سعادت و آزادی برگزیده‌ترین مخلوق خود (فتبارک الله احسن الخالقین)[۳]، انسان است لذا پیشوایان ادیان باید بازگوی این مواهب الهی باشند.

عزاداری برای نفاق‌های غیرالهی گذشته جز ایجاد غصه و خمودگی و ادامه نفاق حاصلی‌ندارد.

---

[۳] خداوند برای آفرینش انسان به خود آفرین گفته است. به استناد آیات قرآن کریم و باور مسلمین جهان، خداوند انسان را به‌صورت خود آفرید و او را خلیفه خود در زمین قرار داد.

در آمریکا و گویا در سایر ممالک اروپایی روزهای عزاداری در تقویم رسمی شناخته‌نشده در عوض روزهای تولد افراد بارز گذشته را جشن می‌گیرند. شنیدن موسیقی های ملی و مشاهده آتش بازی و صحنه های تاریخی برای ایجاد شور و شعف بهتر از سینه‌زنی و زنجیرزنی و قمه‌زنی است.

بیایید باز چون نیاکان خود جشن های ملی مانند نوروز در بهار و مهرگان در پاییز را گرامی بداریم و برای اعیاد دینی تولد حضرت مسیح و حضرت محمد را از زمره جشن‌های ملی به‌شماریم.

فلسفه روشنگری در تصور و تخیّل فلاسفه، نویسندگان و شعرای ایرانی هم سابقه دارد. این مثنوی دلنشین منسوب به مولانای رومی، خود بهترین برهان بر این ادعا است:

از پدر پرسید روزی یک پسر
بهترین دینها کدام است ای پدر؟
گفت من با دین ندارم هیچ کار
پیش من دینها ندارند اعتبار
چونکه آوردیم هر دین جدید
اختلاف بیشتر آمد پدید
کینه‌ها و دشمنی بسیار شد
جنگهای مذهبی تکرار شد
خون مردم ریخت بر روی زمین

بارها و بارها با نام دین
نه مسلمانم نه ترسا نه جهود
سر به حکم عقل میآرم فرود
عقل میگوید که عیش دیگران
هست در همزیستی با دیگران
دین ولی گوید که خون کافران
گر بریزی اَجر داری بیکران!!
دیگر اندیشان هم آخر آدمند
دین چرا گوید که مهدورالدم اند؟
من بدین علت ندارم دین و کیش
تا نریزم خون همنوعان خویش
تو هم ای فرزند، تنها از «خرد»
پیروی کن تا به مینویت برد
با تمام مردم روی زمین
دوستی کن، بهترین دین است این

اگر چه این اعتقاد مورد توجه و پذیرش بسیاری از دانشمندان فلاسفه و سیاستمداران دنیا واقع شده است اما در اجتماعات امروزی که اکثریت مردم ادیان الهی را پیروی می‌کنند. این تغییر مسیر امکان پذیر نیست؛ اعتقادات دینی بعلت نیاز انسان به نیروی ماوراء طبیعی برای هدایت او به راه راست و ایجاد آرامش و خوی همزیستی در جامعه ضروری است. اما تعصبات دینی و سوء استفاده از این تعصبات

برای حفظ قدرت جاه طلبی و منافع اقتصادی فرمانروایان و قدرتهای مذهبی در تاریخ بشر نظایر فراوان دارد.

در تاریخ کلیسای مسیحی نمونه‌های بی شماری از جنایات دینی پاپ‌ها و پادشاهان اروپا به صورت مستند در صفحات تاریخ به ثبت رسیده است.

اگر صلح جویی، نیکی، دستگیری از همسایه و برادری، ترحم به زیردست و اطعام گرسنگان را همه پیامبران از زرتشت تا محمّد توصیه کرده‌اند آیا نباید پرسید چرا ما شاهد جنگ‌های صلیبی، کشت و کشتارهای کاتولیک و پروتستان در ایرلند و مبارزات سنّی و شیعی در خاورمیانه و دیگر خونریزی‌ها بوده‌ایم؟

این پرسش را شاعر بزرگ و حماسه سرای بی‌همتای ایران، فردوسی به روشنی و زیبایی در ابیات زیر پاسخ گفته‌است. مردی، مروت و دادگستری، مهر و وفا، بی‌آزاری موجب آبادی و آزادی کشور است. خردگریزی و بی‌خردی علّت سقوط اخلاقی و فرهنگی و بدسرانجامی خواهد شد.

در این خاکِ زرخیزِ ایران‌زمین
نبودند جز مردمی پاک‌دین
همه دینشان مردی و داد بود
و زآن، کشور آباد و آزاد بود

چو مهر و وفا بود خودکیششان
گنه بود آزارکس پیششان
همه بنده ناب یزدان پاک
همه دل پر از مهر این آب و خاک
گدایی در این بوم و بر ننگ بود
بزرگی به مردی و فرهنگ بود
که شد مهر میهن فراموش ما
کجا رفت آن دانش و هوش ما
خرد را فکندیم بی ساز و کار
چه‌کردیم که این‌گونه گشتیم خوار
به یزدان اگر ما خرد داشتیم
کجا این سرانجام بد داشتیم[۴]

برای حل مشکل، انسان باید بیاموزد که به افکار و عقاید دیگران احترام بگذارد زیرا ما همه بندگان خدا هستیم، اگر افکار و اعتقادات دیگر بندگان خدا را محترم نشماریم ظلم بر دیگر بندگان او کرده‌ایم.

بنی آدم اعضای یک پیکرند
که در آفرینش ز یک گوهرند
چو عضوی به‌درد آورد روزگار
دگر عضوها را نماند قرار

---

[۴] شاهنامه فردوسی

جدایی دین و دولت و پیروی از قانون مدنی بهترین راه جلوگیری از بروز تضادها و مشاجرات دینی در هر اجتماع است.

شاید روزی فرا رسد که در تمام مساجد، کلیساها، کنیسه‌ها و عبادتگاه‌های بودایی از دستورات نیک پیامبران گفتگو شود و به‌جز عشق و محبت و همدردی اندیشه دیگری به پندار نگذرد.

خاتمه

در روابط بین المللی همه کشورها منافع ملی خود را مدّ نظر قرار می‌دهند. انتخاب روش سیاسی در رژیم دموکراسی باید مورد پذیرش اکثر شهروندان باشد. مردم عادی شاهد تغییرات داخلی کشور هستند ولی اطلاعات خارجی آنها به تبلیغات و اخبار روزی که در دسترس آنان است بستگی دارد. کنجکاوی در درک حقایق با بررسی منابع مختلف اطلاعات در اکثر مردم وجود ندارد و در این موارد از حکومت پیروی می‌کنند. سیاست دول خارجی در خاورمیانه با مسائل نفتی ارتباط دارد و ثبات استخراج، مقدار محصول و قیمت آن برای استفاده کنندگان طلای سیاه ضروری است.

پس از جنگ دوم جهانی که نفوذ آمریکا در خاورمیانه رونق گرفت، روابط سیاسی ایران و آمریکا نیز بنیان گرفت و در ابتدا مسالمت آمیز و بر اساس منافع متقابل بود.

سیاست خارجی آمریکا پس از گذشت دوران اولیه با دخالت در امور داخلی ایران و ارتکاب اشتباهات مکرر سیاسی دچار چالش و فراز و فرود فراوان گردید.

روش‌های سیاسی آمریکا در خاورمیانه تحت تأثیر دو نیرو قرار دارد. منافع شرکت‌های نفتی و سیاست خارجی دولت اسرائیل. تا زمانی که عداوت اعراب و اسرائیل ادامه دارد.

سیاست خارجی آمریکا که به حفظ استقلال و ثبات حدود ارضی آن به‌سختی متعهد است تغییرناپذیر می‌نماید زیرا نفوذ سیاسی، هنری و علمی قوم یهود در نهادهای ملی آمریکا ریشه گرفته و اما این سیاست یک طرفه با تغییر افکار عمومی اکثریت شهروندان قابل تغییر است.

ملت ایران می‌تواند با حفظ استقلال ملی خود گرفتار تضادهای اسرائیل و اعراب نگردد.

فقط روابط دوستانه بر پایه اصول عاقلانه با سایر ممالک جهان و همسایگان تا حدّ امکان می‌تواند تبلیغات مسموم دیگران را برای معرفی ایران به عنوان یک کشور تروریست خنثی کند و افکار عمومی جهانیان و نگاه آنها را به ایران و ایرانی تغییر دهد.

صبحگاه هنگامی که روزنامه واشینگتن پست Washington Post را ورق می‌زدم به گزارشی همراه با عکس‌های گوناگون در صفحه اول آن برخوردم که موجب حس همدردی و هم تعجبم از درج آن گردید. موضوع گزارش داستان دو جوان فلسطینی بود که در تظاهرات اخیر در مرز اسرائیل با شلیک گلوله آسیب دیده و منجر به قطع پا از بالای زانو

گردیده بود. درج این واقعه اسف انگیز در یکی از جراید آمریکا تازگی دارد زیرا در اکثر رسانه‌های همگانی پر قدرت و مهم آمریکا کمتر به تجاوزات اسرائیل به مردم فلسطین اشاره می‌شود و تا حدّ امکان از تنقید اقدامات خلاف اسرائیل پرهیز می‌کنند.

تجزیه و تحلیل گرفتاری اعراب و اسرائیل از گنجایش این رساله بیرون است ولی برای حلّ این مشکل اگر امکان پذیر باشد توجه به حقایق این بغرنج لازم است.

۱- استقلال و حفظ حدود مرزی اسرائیل از پشتیبانی بدون تردید آمریکا برخوردار است.

۲- انحلال دولت اسرائیل در شرایط کنونی و یا در آینده نزدیک از نظر نظامی امکان پذیر نیست.

۳- شعار مرگ بر اسرائیل و نابودی آن نه تنها مشکلی را حل نمی‌کند بلکه بهترین وسیله‌ای است که اسرائیل برای نیاز خود به جلب طرفداری آمریکا و افکار عمومی جهان از آن استفاده می‌کند.

۴- بزرگترین و ثروتمندترین ممالک عربی (سعودی، مصر، امارات، بحرین و کویت) منافع خود را برای حفظ روابط با آمریکا بر حمایت از مردم رنجدیده فلسطین ترجیح می‌دهند.

۵- خصومت اعراب سنی با ایرانیان شیعه قابل انکار نیست و همبستگی آنان علیه ایران بارها آشکار گردیده است.

۶- حمایت مالی و نظامی ایران از کشورهای عربی چه منافعی برای دولت ایران دارد؟

این حقایق و جستجو در حل و فصل آن بارها از ذهن نگارنده گذشته و امید است این موضوعات مورد بحث و تبادل افکار مردمی که در ایران زندگی می‌کنند قرار گیرد.

ایرانیان آمریکا

تعداد جمعیت ایرانیان ساکن آمریکا را در حدود یک تا یک و نیم میلیون نفر تخمین زده‌اند.

مهاجرت ایرانیان به آمریکا در سه مرحله انجام گرفته است.

دوره اول: از اواخر سال ۱۹۴۰ میلادی آغاز شد. اکثر آنها جوانهایی بودند که برای تحصیلات عالی به آمریکا آمدند و به علت نیاز مملکت به پزشکان دولت آمریکا برای تسهیل ورود آنان برنامه‌هایی به نام Exchange Visa ایجاد کرد که بسیاری از پزشکان جوان را برای کسب تجربه در بیمارستان‌های تصویب شده ترغیب کند.

نگارنده خود سال ۱۹۵۵ میلادی از این ویزا استفاده کردم. عده کثیری از این پزشکان و دانشجویان برای همیشه در آمریکا ماندند.

دوره دوم: مهاجرین پس از انقلاب ۱۹۷۹ و هنگام جنگ ایران و عراق به دلایل گوناگون به آمریکا مهاجرت کردند.

دوره سوم: از سال ۱۹۹۵ میلادی تا کنون ادامه دارد.

ایرانیان از زبده‌ترین اقلیت‌های ساکن در آمریکا از نظر تحصیلی و تمکن مالی هستند. پنجاه در صد لیسانسه و بیست و پنج در صد دارای مدارک فوق لیسانس و دکترا هستند. بسیاری از آنان استادان دانشگاه، مدیران شرکت‌های بزرگ مالی، متخصصین بارز صنایع، علوم ماورای جو، پزشکان معتبر و کسبه موفق هستند.

ایرانیان آمریکایی به شرکت در امور سیاسی گرایشی ندارند ولی قلیلی در رشته‌های هنری و سینمایی شهرت یافته‌اند.

ذکر تعداد ایرانیان آمریکایی مشهور و متنفذ در آمریکا بیش از گنجایش این رساله است ولی توجه به پاره‌ای آمار منتشر شده خالی از لطف نیست.

از هر سه خانواده ایرانی-آمریکایی یک خانواده دارای درآمد سالانه یکصد هزار دلار است. در صورتی‌که از هر پنج خانواده دیگر اقوام ساکن آمریکا، یک خانواده دارای چنین درآمدی می باشد.

درآمد سالیانه کاسبان و شرکت‌های ایرانیان آمریکا را در حدود ۲/۵۶ بیلیون دلار در سال تخمین زده‌اند. ایرانیان از جوامع موفق مالی آمریکا به شمار می‌آیند.

تعداد پزشکان فارغ‌التحصیل از دانشگاه‌های ایران که به آمریکا مهاجرت می‌کنند به طرز قابل توجهی افزایش یافته است. در سال ۱۹۷۱ میلادی برابر آمار موجود تعداد این پزشکان ایرانی در آمریکا ۱۶۲۵ نفر بوده است. بعد از انقلاب ایران تا کنون تعداد پزشکان مهاجر ایرانی به ۵۰۴۵ نفر رسیده است.

پزشکان ایرانی مقیم آمریکا در همه رشته‌های پزشکی تحصیل کرده‌اند و به طور مستقل در سمت‌های دانشگاهی پیشه خود را دنبال می‌کنند.

ایرانیان آمریکا با غرور فراوان در حفظ سنت‌های ملی و آشنا کردن دیگران با تمدن و تاریخ پر شکوه ایران می‌کوشند. نوروز را ایرانیان در اکثر شهرهای بزرگ آمریکا جشن می‌گیرند. مراسم سیزده بدر در اکثر پارک‌های شهرهای بزرگ برگزار می‌شود. در سی سال گذشته مراسم عید نوروز را در بیمارستانی که در آن طبابت می‌کنم جشن می‌گیریم و پزشکانی که از ملیت‌ها و ادیان مختلف متشکلند، همگان از غذاهای ایرانی هنگام ناهار لذت می‌برند و هر سال در جشن‌های ایرانی شرکت می‌کنند.

لوس انجلس (Los Angeles) مکان سکونت اکثریت ایرانیان آمریکا است که تعداد آنها سیصد هزار تا ششصد هزار نفر تخمین زده شده است. بسیاری از کلیمیان ثروتمند ایرانی در آنجا اقامت دارند. افزایش ایرانیان آمریکا در لوس انجلس و نفوذ سیاسی و اقتصادی آنها به حدی رسیده است که آن شهر را «تهران جلس» و یا ایران کوچک می‌نامند.

در شهر لوس انجلس یک میدان مهم آن که در جوار مراکز شغلی ایرانیان است «میدان ایران» نام نهاده‌اند.

لوس انجلس مرکز اجتماع هنرمندان موسیقی و مجریان برنامه‌های رادیو و تلویزیون فارسی است.

بهبود روابط ایران و آمریکا و برطرف شدن نگرانی ایرانیان از مسافرت و یا بازگشت به ایران فواید متقابل دارد. چرا نباید بتوانیم از نیروی فکری، قدرت مالی و دانش ایرانیان آمریکایی برای کشور مادری استفاده کنیم؟ مردم ایران و آمریکا هر دو در غریزه عطوفت و همدردی با دیگران هماهنگی دارند و از جنگ و خونریزی و عداوت متنفرند. سیاست خارجی دولت‌ها که از منافع اقتصادی، اختلافات دینی و عداوت‌های گذشته سرچشمه می‌گیرد با خوی نیکی که در فطرت و سرشت همه انسان‌ها وجود دارد مغایرت دارد. سیاست خارجی آمریکا با انتخابات دوره‌ای تغییرپذیر است.

امید است که در آینده نزدیک آتش اختلاف فرو نشیند و ایرانیان ایران و آمریکا که دارای فرهنگ و علایق مشترکند از هر قوم و گروه و با هر عقیده و مذهب با اتحاد و همبستگی تام و تمام و آرامش و سعادت در کنار هم زندگی کنند، به امید آن روز.

Copyright and bibliographic information
may be found on Persian copyright page.

Memories and Impressions
[Persian Language]

by
Bahram Erfan

Ibex Publishers,
Bethesda, Maryland